이유 있는
어문 규범

이유 있는 어문 규범

소통을 위한 말들의 법칙

초판 1쇄 발행 2025년 10월 18일

지은이 | 조진수·강효경·김정은·최소영

펴낸이 | 김연우
펴낸곳 | (주)태학사
등　록 | 제406-2020-000008호
주　소 | 경기도 파주시 광인사길 217
전　화 | 031-955-7580
전　송 | 031-955-0910
전자우편 | thspub@daum.net
홈페이지 | www.thaehaksa.com

편　집 | 조윤형 여미숙 김태훈
마케팅 | 김민선
경영지원 | 김영지

이 책에 직간접적으로 게재를 허락해 주신 모든 분께 감사드립니다.
저작권자와 연락이 닿지 않아 부득이 허가를 구하지 못한 일부 자료에 대해서는
연락 주시는 대로 적법한 절차를 따르겠습니다.

값 11,000원

ISBN 979-11-6810-356-6 (04710)
　　　979-11-6810-387-0 (세트)

책임편집 | 조윤형
디자인 | 지소영

이유 있는
어문 규범

소통을 위한
말들의 법칙

조진수·강효경·김정은·최소영 지음

태학사

학회의 성장은 학문의 성장을 동반하게 마련입니다. 최초·최고·최대의 학술 단체인 한국어교육학회가 창립 70주년을 맞는 이 시점에서, 우리는 그 성장의 결실을 가시적으로 확인할 필요가 있다는 데 뜻을 같이했습니다. 이에 국어 교육학계를 이끌어 갈 차세대 국어 교육학자들과 국어 교육의 현장을 선도하는 교사들을 중심으로 학문적 성과를 결산해 보기로 했습니다. 다만 빛나는 연구 성과를 정리하는 수준이 아니라 '그 성과가 교실에서 이용利用될 수 있도록 해야 한다', 그리고 '교실 안에만 머물러 있는 것이 아니라 교문 밖 모든 삶의 현장에서 언어 사용자인 시민들의 후생厚生에도 기여해야 마땅하다'고 생각했습니다.

그리하여 학회에서는 국어과 교육 과정사에서 가장 중요한 항존恒存 개념 20개를 선별했고, 젊은 연구자와 교사들에게

임무를 부여하여 손에 쏙 들어오는 20권의 책을 학회 창립 70주년이 되는 올해부터 출간하기 시작하여 내년까지 완간하기로 했습니다. 필진이 젊다는 것은 시각이 신선하다는 뜻으로, 책의 분량이 적다는 것은 정보의 응집도가 높다는 뜻으로 이해해 주기를 바랍니다.

한국어교육학회의 위상에 걸맞게 빛나는 결실을 맺어 주신 필자 여러분은 국어 교육학계의 믿음직한 미래임을 증명해 주셨습니다. 이 시리즈가 원활히 출간되도록 필자와 출판사 사이의 중간 다리 역할을 맡아 노심초사 알뜰히 챙겨 준 양수연 박사님의 노고도 잊을 수 없습니다. 이 시리즈의 간행을 흔쾌히 맡아 주신 태학사 김연우 대표님, 심혈을 기울여 책을 만들어 주신 조윤형 주간님에게도 감사의 마음을 전합니다.

부디 이 책들이 예비 교사들에게는 개념들의 윤곽을 보여 주고, 현장 교사들에게는 교수 학습과 평가의 설계에 영감을 주며, 일반 시민들에게는 품격 있는 언어 생활의 지침서가 되기를 바랍니다.

한국어교육학회 창립 70주년 기념
'개념 있는 국어 생활' 간행위원회 위원장 주세형
한국어교육학회 제38대 회장 류수열

어문 규범을 접해 본 적이 있는 사람이라면, '왜 꼭 이렇게 써야 할까?'라는 생각을 한 번쯤은 해 보았을 것이다. "왜 '깡총깡총'이라고 쓰면 안 되고 '깡충깡충'이라고 써야 할까?", "왜 '몇 일'이라고 쓰면 안 되고 '며칠'이라고 써야 할까?"와 같은 물음들 말이다. 이유를 몰라도 정확한 표기가 무엇인지 알기만 하면 규범에 맞게 쓰는 데에는 문제가 없기에, 이러한 물음들은 쉽게 잊힌다.

하지만 이런 물음들이 그렇게 가볍기만 한 것일까? 이 물음들은 어문 규범이 지금과 같은 모습을 띠게 된 이유를 묻고 있다. 지금과 같은 모습이 되기까지 어떤 고민이 있었는지 묻고 있다. 이 책은 이러한 물음을 던지고 답하는 것이, 어문 규범의 논리와 가치 인식에 핵심적이라는 생각에서 출발했다. 이유를 묻는 행위를 통해 어문 규범의 논리와 가치를 이해하게 되고, 이러한 이해가 규범적 소통의 바탕이 된다는 생각에서 시작되었다. 이 책의 제목을 '이유 있는 어문 규범'으로 정한 것도 이러한 이유에서이다.

이 책은 어문 규범에 관한 여덟 개의 이야기를 담고 있다. 어문 규범의 가치, 표준 발음, 한글 맞춤법, 표준어, 외래어 표기법, 국어의 로마자 표기법, 어원 의식과 국어사전 등 각 이야기에서 다루는 소재는 낯설지 않다. 하지만 그 소재를 조금 색다른 방식으로 풀어 간다. 어문 규범의 가치를 바로 제시하기보다는, 인공 지능이 틀린 표기를 자동으로 고쳐 주는 시대에 어문 규범을 아는 것이 어떤 의미가 있는지 묻는 데에서 이야기를 시작한다. 표준 발음부터 알려 주기보다는 표준 발음과 현실 발음에 차이가 있는 사례를 보여 주고, 올바른 맞춤법을 그냥 알려 주기보다는 왜 어떤 표기는 자주 틀리는지 묻는다. '작다'와 '적다'의 의미 차이부터 설명하기보다는, '작다'와 '적다'가 이처럼 비슷한 듯 다른 이유를 묻고 어원 의식의 관점에서 이를 설명한다.

이러한 이야기 방식을 통해, 우리가 국어 생활 속에서 한번쯤 떠올렸지만 쉽게 잊었던 물음들을 복원하고, 그 물음에 함께 대답해 감으로써 어문 규범의 논리와 가치를 이해해 보고자 했다. 그리고 이유를 생각해 보는 경험을 통해, 어문 규범을 이해하는 것이 현재에, 그리고 미래에 어떠한 교육적 가치가 있는지도 독자들과 함께 생각해 보고자 했다.

이 책은 한국어교육학회 창립 70주년 기념 사업의 일환으로 집필되었다. 모든 연구는 앞선 연구를 바탕으로 하기에, 이 책을 집필하면서 그간 국어 교육학계에서 어문 규범의 교육적 가치 정립과 활용 방안 마련을 위해 많은 고민과 연구가 이루어져 왔다는 점을 새삼 깨달았다. 이 책이 그간 학계에서 이루어진 고민들을 우리의 말과 글을 사용하는 모든 사람들과 나누는 계기가 되었으면 한다. 끝으로 이 책이 나오기까지 애써 주신 한국어교육학회 류수열 전임 회장님과 김정우 회장님, 그리고 주세형 교수님을 비롯하여 한국어교육학회 임원진과 회원들 모두에게 감사의 말씀을 전한다.

2025년 10월

저자 일동

차례

Class 1. 변화하는 시대, 규범의 의미
다 알아서 고쳐 주는데, 맞춤법을 왜 배워야 할까?

Class 2. 표준 발음과 현실 발음의 차이
그냥 소리 나는 대로 발음하면 안 될까?

Class 3. 맞춤법, 자주 틀리는 이유는 무엇인가?
맞춤법에서 자유로워지고 싶은 학생들에게

Class 4. 표준어가 되는 과정
왜 우리는 '짜장면'을 '짜장면'이라 쓸 수 없었을까?

Class 1.

변화하는 시대, 규범의 의미

다 알아서 고쳐 주는데,
맞춤법을 왜 배워야 할까?

틀린 표기를
자동으로 고쳐 준다?

스마트폰으로 글을 쓰는 상황. "실증이 났다."라고 아무 생각 없이 썼는데, 자동으로 "싫증이 났다."라고 고쳐진다. "이제 그 일을 하는데 아무런 문제가 없다."라고 썼는데, 교정 프로그램이 '하는'과 '데'를 자동으로 띄어 "이제 그 일을 하는 데 아무런 문제가 없다."로 적힌다. "덩쿨째 굴러온"이라고 쓰면 "덩굴째 굴러온"으로 바뀌고, "넝굴째 굴러온"이라고 쓰면 "넝쿨째 굴러온"으로 바뀐다.

디지털 글쓰기가 압도적으로 많아진 지금, 자동으로 맞춤법을 교정해 주는 프로그램은 유용하고 편리하다. 물론, 완벽하진 않다. 하지만 지금과 같은 속도로 계속 발전한다면 완벽에 가까운 정확도로 교정해 줄 날도 머지않았다. 어문 규범이 변하지 않느냐고 반문할 수도 있으나, 어문 규범의 변화 양상을 계속 업데이트하여 교정 프로그램에 반영해 주면 되니 이 역시 그리 문제가 되지 않는다.

기술의 진보, 인공 지능AI의 발달로 디지털 환경에서 누구나 규범에 어긋나지 않는 표기를 하는 미래를 상상해 본다. '팜플렛'으로 써도, '워크샵'이라고 써도, '할께'라고 써도, 모두 '팸플릿', '워크숍', '할게'로 자동 교정이 된다. 어문 규범의 변화를 반영하여 '신 나게'라고 쓰면 '신나게'로 바뀌고,[1] 문맥을 따져 봐야 하는 애매한 띄어쓰기도 정확하게 고쳐 주는 시대. 어문 규범에 관한 세밀한 이해 없이도 정확한 표기를 어렵지 않게 할 수 있는 시대. 문맥 정보를 아주 정교하게 이해해야 하는 일부 유형을 제외한다면, 이러한 교정 기술은 이미 상당한 수준에 도달했다고 평가할 수 있다.

교정 프로그램이 틀린 표기를 자동으로 수정해 주는 시대에 어문 규범을 가르치는 교실의 풍경이 어떠해야 하는지 생각해 보게 된다. 굳이 맞춤법 조항 하나하나까지 세세하게 다룰 필요는 없다는 주장에 거센 반론이 있을 것 같진 않다. 이미 현재에도 어문 규범 교육은 세세한 조항 자체보다는 원리 중심으로 이루어지고 있다. 그렇다면, 어문 규범의 원리는 교육 내용으로서 흔들리지 않는 위상을 유지할 수 있을까? 원리를 몰라도 기술의 도움으로 정확한 표기를 할 수 있지 않냐며 반문하는 사람들이 있다면 뭐라고 답변해야 할까? 미래에 교정 프로그램이 완벽에 가까운 수준에 도달하여, 어문 규범을 담당하는 선생님들이 "이제 학생들에게 어문 규범과 관련하여 무얼 가르쳐야 하나요?"라는 질문을 하게 될 때 어떤 답변을 해야 할까?

이러한 물음에 답하기 위해 변화하는 시대에 규범은 우리에게 어떤 의미가 있는지 되짚어 봐야 한다. 규범의 의미를 새롭게 인식하는 가운데 규범 교육의 미래 방향도 자연스레 생각해 볼 수 있기 때문이다.

66 '주장하는 글 쓰기'의 띄어쓰기에 주목하는 까닭

국어사전에서 '글쓰기'를 찾아보면 한 단어로 나온다. 단어별로 띄어 쓰는 것이 원칙이므로 한 단어인 '글쓰기'는 그대로 붙여 쓰면 된다는 결론이 어렵지 않게 나온다. 하지만 문제는 그리 간단치 않다. '2022 국어과 교육과정'을 보면 '독서 토론과 글쓰기'라고 할 때에는 '글'과 '쓰기'를 붙여 '글쓰기'로 표기하지만, '주장하는 글 쓰기'라고 할 때에는 '글'과 '쓰기'를 띄어 '글 쓰기'라고 표기한다.

'주장하는 글 쓰기', '설명하는 글 쓰기', '정서를 표현하는 글 쓰기' 등에서 '글'과 '쓰기'는 붙여 쓸 수 없다. '주장하는', '설명하는', '정서를 표현하는'이 꾸며 주는 말은 '글쓰기'

가 아니라 '글'이기 때문이다. 그리고 '쓰기'의 대상이 되는 것
역시 그냥 '글'이 아니라 '주장하는 글', '설명하는 글', '정서를
표현하는 글'이기 때문이다.

　조금 헷갈리는 사례이기는 하지만, 자동 교정 프로그램
이 고도화되면 이 역시 기술의 도움으로 쉽게 처리할 수 있
다. 만약 정확하게 표기하는 것 자체만이 중요하다면 이 역시
어문 규범을 몰라도 기술의 도움으로 정확히 표기할 수 있는
사례일 뿐이다. 하지만, 관점을 달리하여 어문 규범 교육에서
정확히 쓰는 것 외에도 중요한 교육적 가치를 지니는 지식들
이 있다고 하면 이야기는 달라진다. 우선 '주장하는 글 쓰기'
의 통사적 구조를 살펴보자.

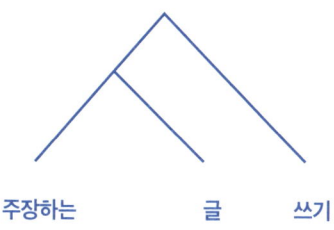

주장하는　　　　글　　쓰기

　위 도식은 '주장하는'과 '글'이 먼저 결합하고, 그다음으
로 '주장하는 글'과 '쓰기'가 결합했음을 보여 준다. 대괄호를

사용하면 '[[주장하는 글] 쓰기]'와 같이 표현할 수도 있다. '글쓰기'라는 단어가 존재함에도 불구하고, '주장하는 글 쓰기'에서 '글'과 '쓰기'는 띄어 써야 하는 이유를 설명하려면, '주장하는 글 쓰기'의 내부 구조에 관한 분석이 필요하다.

띄어쓰기를 설명하다가 갑자기 왜 문법을 이야기하느냐고 반문할 수도 있지만, 사실 핵심은 띄어쓰기와 문법, 표기 방식과 언어 구조에 관한 지식이 관련되어 있음을 알려 주는 데 있다. 어문 규범 교육의 목적이 정확하게 표기하도록 한다는 결과적 측면에만 있다면, '기술의 도움을 받아서라도 정확하게만 표기하면 그만'이라는 주장이 제기될 수 있다. 그러한 관점에 서면, '주장하는 글쓰기'라고 쓰지 않고 '주장하는 글 쓰기'라고 쓰는 이유를 굳이 설명할 필요도 없을 것이다.

하지만, 굳이 복잡한 구조까지 동원해 가며 '글'과 '쓰기'를 띄어 써야 하는 이유를 설명하는 것은 **표기**와 **문법**이 긴밀하게 연관되어 있기 때문이며, 이 점을 깨닫게 하는 것도 규범 교육의 중요한 목표 중 하나이다. 이러한 인식은 문법 교육 연구자들 사이에서 어느 정도 보편화되어 있다. 즉, 문법 교육 연구자들은 띄어쓰기 교육을 '언어 단위에 관한 **문법 인식***을 요구하는 활동'이라는 관점에서 연구하고 있다.[2] 규범 교육과 문법 교육의 관계에 관한 연구에서는 어문 규범을 "문법 체계에 대한 지식이 종합적으로 응축된 총화이자 종합 과학으로서, 그 자체로 탐구의 대상"[3]이라고 언급하기도 했다. 이처럼 어문 규범에는 국어 문법에 관한 그간의 연구 성과가 반영되어 있다. 규범 학습을 통해 규범 그 자체에 대한 앎을 얻을 수 있을 뿐 아니라, 국어 문법에 대한 이해도 심화시킬 수 있다. 그러므로 규범 학습은 국어 문법을 탐구하는 또 다른 방식이다.

> ★ 문법 인식
>
> '문법 인식'은 문법을 암기의 대상이 아니라 인식의 대상으로 보는 관점을 담고 있다. 언어를 메타적 인식의 대상으로 삼는다는 점에서 '언어 인식', '국어 인식'과 맥을 같이하는데, 특히 인식 대상을 '문법'으로 초점화할 때 사용한다. 띄어쓰기는 단어라는 언어 단위에 대한 인식을 기반으로 이루어진다는 점에서 규범과 문법 인식의 관련성을 잘 보여 준다.

왜 토끼는 '깡총깡총' 못 뛰고 '깡충깡충' 뛰는 걸까?

『표준국어대사전』에서 '깡총깡총'을 검색해 보면, '→ 깡충깡충'이 검색 결과로 나온다. '→'은 어떤 뜻일까? 비슷한 의미라는 뜻일까? 아니다. '깡총깡총'은 비표준어이고, '깡충깡충'이 표준어라는 뜻이다. 검색 결과 하단의 '한 걸음 더'에는 "'깡총깡총'은 비표준어이고 '깡충깡충'이 표준어이다. 이는 양성 모음이 음성 모음으로 바뀌어 굳어진 단어는 음성 모음 형태를 표준어로 삼는다는 규정(표준어 사정 원칙 제8항)에 따른 것이다."라는 설명이 덧붙어 있다.

정리하면, 원래 '깡총깡총'이었는데, '깡충깡충'과 같이 '총'이 '충'으로 바뀐 형태가 우세해지면서 '깡충깡충'을 표준적인 것으로, '깡총깡총'을 비표준적인 것으로 처리했다는 것이다. 모음조화를 지키려는 경향이 약화되면서 이와 유사한 사례가 많이 생겼는데, 이와 같이 어감 차이가 있는 단어들은 사례마다 표준어로 인정하는 양상이 조금씩 다르다. 예를 들어, '오손도손'은 '오순도순'이 우세해지면서 비표준적인 것으로 처리된 시기도 있었으나, 다시 표준적인 것으로 인정되었다. 이제 '오순오순' 살 수도 있고 '오손도손' 살 수도 있다.

현재 표준어의 세계에서 토끼는 '깡총깡총' 뛸 수 없다. 물론 미래 어느 시기에 규범의 세부 내용이 바뀌어 '깡총깡총'도 인정하게 되는 날이 올 수도 있다. 우리의 논의에서 중요한 건 이러한 사례가 어문 규범 교육에서 어떠한 가치를 지니는가 하는 것이다. 정확한 표기 능력만을 규범 교육의 유일한 가치로 생각한다면, '깡총깡총'이라고 쓰면 표준어로 자동 교정이 될 터이니 크게 중요한 사례는 아니라고 판단할 것이다. 오히려 '오손도손'은 '오순도순'과 함께 표준형으로 인정되면서, '깡총깡총'은 '깡충깡충'과 달리 표준형으로 인정받지 못하는 것이 원리적이지 않고 개별적, 예외적인 것이라 정확히 표기하는 데 어려움이 있다는 점을 지적할 수도 있다. 어문 규범 교육을 원리 차원에서 접근할 때, 이러한 개별 사례 간 차이는 암기의 부담을 가져온다.

하지만 조금 다른 각도에서 생각해 보면, 이런 사례야말로 어문 규범이 어떤 방식으로 작동하는지를 현실에 가깝게 보여 준다는 점을 알 수 있다. 어떤 형태가 표준형으로 인정되는지는 **어문 규범 정책**에 의해 결정되는 경우가 많다. 어문 규범 정책에 따른 변화는 동일한 범주에 드는 모든 사례에 일괄적으로 적용되기도 하지만, 경우에 따라 현실적으로 시급한 것, 다수가 동의하는 것을 중심으로 적용되기도 한다. '거치적거리다', '까다롭다', '끼적거리다', '날개', '냄새', '만날', '삐치다', '새치름하다', '아옹다옹', '예쁘다', '찌뿌듯하다'뿐 아니라 '걸리적거리다', '까탈스럽다', '끄적거리다', '나래', '내음', '맨날', '삐지다', '새초롬하다', '아옹다옹', '이쁘다', '찌뿌둥하다'도 표준형으로 인정된 것이 사례별 접근에 해당한다.

어문 규범 정책에서 사례별 접근은 동일 범주에 속하는 사례 간의 일관성을 담보하지 못한다는 점에서 한계도 있으나, 언중言衆들의 언어 현실에서 긴요한 사례들을 우선적으로 다룬다는 점에서 좀 더 현실적인 접근이라고 볼 수도 있다. 물론 이에 대해서는 다양한 의견이 있을 수 있다. 중요한 것은 '깡총깡총'이 단순히 교정적 측면에서만 다루고 넘어갈 사례가 아니라는 점이다. '깡총깡총'은 어문 규범이 정책적 결정에 의해 결정되고 변화하며, 그 과정에서 다양한 현실적 요인들이 고려된다는 점을 보여 주는 흥미로운 사례 중 하나이다. 따라서 그 교육적 가치가 결코 작다고 할 수 없다.

❝ '주책없는' 것과 '주책인' 것은 같다?

'주책없다'와 '주책이다'는 같은 뜻일까 다른 뜻일까? 놀랍게도 같은 뜻이다. 『표준국어대사전』에서 검색해 보면 '주책없다'는 "일정한 줏대가 없이 이랬다저랬다 하여 몹시 실없다."라는 뜻으로 나온다. '주책이다'는 『표준국어대사전』에서 검색되지 않는데, 한 단어가 아니라 '주책'에 서술격 조사 '이다'가 결합한 형태이기 때문에 사전에서 검색되지 않을 뿐 그 뜻은 '주책없다'와 같다. 『표준국어대사전』의 '주책없다' 항목의 '한 걸음 더' 코너를 보면 "'주책없다'가 표준어이고 같은 뜻의 '주책이다'는 비표준형이었으나, 국어심의회(2016. 11. 30.)의 결정에 따라 명사 '주책'에 서술격 조사 '이다'가 붙은 형태로서 '주책이다'도 표준형으로 인정되었다."라고 설명되어 있다.

　어떻게 된 것일까? 주책이 없는 것과 주책인 것이 어떻게 같을 수 있을까? 표면적으로는 모순인 것 같지만, 언어의 의미가 변한 과정을 살펴보면 고개가 끄덕여진다. 국립국어원 〈우리말샘〉에서 '주책'을 찾아보면 "일정하게 자리 잡힌 주장이나 판단력."이라는 뜻과 "일정한 줏대가 없이 되는대로 하는 짓."이라는 뜻이 모두 나온다. '주책없다'가 표준어였고 '주책이다'가 나중에 표준형으로 인정되었음을 고려하면 "일정하게 자리 잡힌 주장이나 판단력"이 '주책'의 원래 의미였음을 알 수 있다. 〈우리말샘〉의 어원 정보를 보면 '주책'은 '主着(주착)'에서 온 말임을 알 수 있는데, '주인 주'에 '붙을 착'이 결합한 한자어라는 점을 고려하면 '주책'의 원래 의미가 긍정적임을 짐작할 수 있다.

　'주책없다'는 긍정적 의미를 지니는 '주책'에 '없다'가 결합했으므로 부정적 의미를 지닌 단어이다. 즉, 'X+없다' 구조의 단어에서 'X'는 긍정적 의미이고, 'X+없다' 전체는 부정적 의미였던 것이다. 그런데 '주책없다'가 부정적 의미로 계속 쓰이면서, 그 단어의 구성 요소인 '주책'도 부정적 의미로 인식되는 경향이 나타났다. 이로 인해 현실의 언어생활에서 '주책이다'가 '주책없다'와 공존하게 되었고, 어문 규범 차원에서도 '주책이다'를 비표준형에서 표준형으로 인정하게 된 것이다.

이와 비슷한 예로, '칠칠맞지 못하게'의 뜻으로 '칠칠맞게'를 쓰는 경우를 적지 않게 볼 수 있다. 규범적으로는 인정되지 않는 경우이긴 하지만 현실 언어생활에서는 흔하게 나타난다. 의미론 연구자들은 이러한 현상을 '맥락 의미의 흡수'라는 개념으로 설명한다.[4] '주책없다', '칠칠맞지 못하게'가 사용되는 맥락이 부정적 성격을 지니는데, '주책없다'의 '주책', '칠칠맞지 못하게'의 '칠칠맞-'이 그러한 맥락적 의미까지 흡수하여 부정적 의미로 **의미 변화**가 일어났다고 설명하는 것이다.

표면적으로 모순되어 보이지만, 언어학적, 의미론적 설명을 듣다 보면 그 이유를 이해할 수 있다. '주책없다'라고 해도 맞고, '주책이다'라고 해도 맞으니 이유를 잘 몰라도 사용하는 데 큰 불편은 없다. 하지만 그 이유를 공부하다 보면 언어가 변한다는 사실, 그에 따라 규범도 변할 수 있다는 사실을 자연스레 이해하게 된다. 어쩌면 '주책이다'가 맞느냐 틀리느냐보다 언어의 변화, 규범의 변화를 이해하는 일이 더 중요할지도 모른다.

어문 규범에 관해
우리가 알아야 할 것은?

자동 교정 프로그램에서 시작하여 '주장하는 글 쓰기', '깡충깡충', '주책이다'의 사례까지 살펴보았다. 이들 사례는 어문 규범 교육에 세부 조항의 이해를 넘어선 교육적 가치가 담겨 있음을 보여 준다. 띄어쓰기를 어떻게 할 것인지는 국어에 대한 문법적 이해와 연결되고, '깡충깡충'은 어문 규범의 작동 방식에 대한 이해로 연결된다. '주책이다'는 언어의 변화와, 그에 대한 언어 공동체 구성원들의 인식 변화가 규범의 변화에 어떤 영향을 끼치는지를 보여 준다.

인공 지능의 발달로 자동 교정 프로그램의 정확도가 아주 높은 수준에 이르더라도, 그래서 컴퓨터로 글을 쓸 때 표기의 정확성 확보가 크게 어렵지 않게 되더라도, 여전히 어문 규범의 교육적 가치는 유효하다. 단, 무엇을 왜 가르쳐야 하는지는 달라질 것이다. 규범의 세부 조항을 넘어서 이를 관통하는 원리에 대한 이해가 필요하다는 것은, '원리 중심의 문법 교육'[5]이라는 말에서도 알 수 있듯이 이미 광범위한 합의가 이루어져 있다.

원리 중심의 규범 교육은 교육과정에서도 이미 중요한 교육 내용으로 자리 잡았다. 그에 더하여 우리가 사용하는 언어에 대한 사회적 합의로서 규범이 지니는 의의를 이해하고, 현실 언어에도 관심을 가지면서[6] 규범이 어떻게 작동하는가 하는 문제를 언어 공동체의 규범 인식, 언어 정책 등과 연계하여 이해하는 데에까지 나아가야 한다. 어문 규범 정책에 합리적인 의견을 개진하며 언어 공동체의 규범을 이해하고 또 개선해 가는 언어적 주체[7]를 기르는 교육이 필요하다.

Class 2.

표준 발음과 현실 발음의 차이

그냥 소리 나는 대로
발음하면 안 될까?

❝ 현실 발음과 표준 발음이 다를 때는?

우리말과 우리글은 오랜 시간에 걸쳐 변화를 거듭해 왔다. 인류가 향유하는 문화나 사고방식, 사회의 모습이 달라지는 것처럼, 언어도 마찬가지다. 표준어는 한 나라에서 의사소통이 원활히 이루어질 수 있도록 만든 일종의 규범이라 할 수 있는데, 우리말과 우리글이 변화하면 표준어의 모습도 변화를 겪는다. 더불어 사람들 사이에서는 '표준어=서울말'이라고 인식되는 경향이 있지만 실제로는 그렇지 않다. 사람들 사이에서 방언 어휘가 더 널리 쓰이는 경우, 그 어휘가 표준어가 되기도 한다. 이렇듯 표준어는 우리말의 다양한 양상을 담아내고자 하지만, 언어의 변화 속도가 빠르다 보니 **표준 발음**과

현실 발음의 차이가 발생하기도 한다. 표준 발음은 국어의 발음에 관해 연구자들이 여러 차례 논의한 결과 합의된 것이고, 현실 발음은 무의식 속에서 언중言衆의 선호에 따라 자연스럽게 일어나는 현상인 셈이다. 이처럼 입말의 변화가 글말의 변화보다 빠르게 일어나듯이, 표준 발음은 현실 발음이 모두 반영하지 못하는 경우도 생겨나게 된다.

66 단모음의 수는
어떻게 변화하고 있을까?

〈표준어 규정〉의 '표준 발음법' 제4항에서는 단모음의 수를 'ㅏ, ㅐ, ㅓ, ㅔ, ㅗ, ㅚ, ㅜ, ㅟ, ㅡ, ㅣ'의 10개로 정하고 있다. 그런데 이를 실제로 발음해 봤을 때 10개 모음이 모두 단모음으로 발음되지 않는다는 것을 발견할 수 있다. 현실의 발음은, 'ㅔ'와 'ㅐ'의 합류가 일어나서 두 모음이 잘 구분되지 않고, 'ㅚ'와 'ㅟ'는 이중 모음으로 발음하는 경우가 훨씬 많다. '표준 발음법'에서조차 'ㅚ'와 'ㅟ'는 이중 모음으로 발음할 수 있다는 점을 밝히고 있다. 이를 고려한다면, 현실 발음에서 실제로 사용되는 단모음은 'ㅚ'와 'ㅟ'를 제외했을 때 8개, 극단적으로 'ㅔ'와 'ㅐ'의 구분도 없앴다면 7개로 줄어들

것이다.

　이렇게 단모음의 체계가 불안정한 모습을 보이고 있는데
도 여전히 10개의 모음을 단모음으로 규정하고 있는 이유는
무엇일까? 그 이유는 〈표준어 규정〉의 '표준 발음법' 제1항에
서 찾아볼 수 있다. 즉 "'표준 발음법'은 표준어의 실제 발음을
따르되, 국어의 **전통성**과 **합리성**을 고려하여 정함을 원칙으로
한다."고 명시하고 있는데, 이를 고려한다면 단모음의 체계는
변화를 겪는 과정에 있으므로, 전통성 즉 관습을 고려하여 단
모음의 체계가 완전한 변화를 겪기 전까지는 변화 이전의 체
계를 유지한다고 추론해 볼 수 있다.

　전통성을 고려한다는 것은 이전부터 내려오던 발음상의
관습을 감안한다는 의미이다. 이에 따른다면 'ㅐ'와 'ㅔ'를 구
분해 왔던 전통적인 관습을 반영하여, 현대인의 발음에서는
구분이 잘 가지 않지만 여전히 'ㅐ'와 'ㅔ'를 구분한다는 것이
다.

66 전통성과 합리성을 고려한 표준 발음이란 무엇일까?

'표준 발음법'을 꼼꼼히 살펴보면, 앞서 언급한 '전통성'과 '합리성'에 대한 설명을 찾아볼 수 있다. 단모음의 수가 현실적으로는 변화하고 있지만 여전히 10개로 유지한다는 것이 '전통성'을 따르는 '표준 발음법'의 한 예라고 한다면, '합리성'을 따르는 표준 발음은 어떤 것들일까?

'표준 발음법' 1항의 해설에 따르면 '합리성'은 〈한글 맞춤법〉 규정의 "어법에 맞도록 함"과 맞먹는 조건이다. 한마디로 국어의 규칙 내지 법칙에 따라서 표준 발음을 합리적으로 정한다는 뜻이다. 예를 들어, '국밥'은 '국'과 '밥'이 결합하여 만들어진 말이지만, [국밥]이 아니라 [국빱]으로 발음하는 것이 표준 발음에 부합한다. 이는 한국어 음운의 특징 때문에 무조건 일어나는 '된소리되기' 현상이 적용되기 때문이다.

이렇듯 우리말은 표기대로 발음하는 것이 원칙이며, 표기대로 발음하기 어려울 경우 음운 규칙으로 설명할 수 있는 발음을 표준 발음으로 채택한다. 다음을 보자.

요즘 날씨가 영 변덕스럽더니 곧바로 **감기**에 걸리고 말았다.
신문 좀 읽어 봐야지.

필자는 어문 규범에 대해 강의를 하던 중 다음과 같은 질문을 받은 적이 있다.

"선생님, '감기'는 [감기]라고 발음하는 것보다 [강기]로 발음하는 게 더 편한데, 이건 왜 표준 발음으로 인정되지 않나요?"

'감기'는 음운 변동 없이 발음하는 것이 표준 발음에 부합한다. '표준 발음법'에서 정한 음운의 변동 현상 어디에도 속하지 않기 때문이다. 그런데 어떤 사람들은 [강기]로 발음 하는 것이 더 편하다고 느낀다. 그 이유는 무엇일까? '감기'에 서 '기'의 'ㄱ'은 여린입천장소리이고, '감'의 'ㅁ'은 입술소리 이다. 이렇게 인접해 있는 자음의 조음 위치가 다르면 발음이 다소 불편해지므로, '기'의 'ㄱ'의 영향을 받아 발음을 편하게 하려는 것이다. 구체적으로는 여린입천장소리인 'ㄱ'의 영향 으로 인해 입술소리인 'ㅁ'이 같은 여린입천장소리인 'ㅇ'으로 바뀌어 소리 남으로써 [강기]라고 발음되는 것이다.

그런데 이런 현상은 표준어에서 합리적으로 설명할 만한 **음운 변동**★ 현상이라고 보기는 어렵다. 왜냐하면 모든 입술소 리가 여린입천장소리의 영향을 받는 것도 아니며, 일부 단어에 한해서만 이런 현상이 일어나 기 때문이다.

'신문'의 경우도 마찬가지 다. 혹자는 [신문]보다 [심문] 이 더 발음하기 편하다고들 하 는데, 이 또한 감기를 [강기]로 발음하는 것과 마찬가지로, '문'

> **★ 음운 변동**
> 모든 음운 변동을 필수적이고 표준적 인 것으로 오해하는 경우가 많다. 그 러나 그렇지 않다. 어떤 음운 변동은 필수적이지 않고 표준적이지도 않다. '감기'를 [강기]로 발음하는 것이 그 런 사례이다. 이때 음운 'ㅁ'이 'ㅇ'으 로 바뀌는 것은 필수적인 음운 변동 이 아니고, 이에 따른 발음 [강기] 역 시 표준 발음으로 인정되지 않는다. 따라서 표준 발음을 도출하기 위해서 는 음운 변동을 무조건 적용해서는 안 되고, 음운 변동이 일어나는 상황 인지, 음운 변동이 일어난다면 어떤 음운 변동을 적용해야 하는지 판단해 야 한다.

의 'ㅁ'이 앞말의 받침 'ㄴ'에 영향을 줌으로써, 사람들이 잇몸 소리인 'ㄴ'을 입술소리인 'ㅁ'으로 발음하는 것이다. 이렇듯 일부 사례를 가지고서는 표준 발음의 합리성을 설명하기는 어렵다.

표준 발음의 합리성을 뒷받침하는 다른 예도 있다. 서울에 있는 '선릉'을 어떻게 발음하는게 맞는지 생각해 보자. [선능]인가, [설릉]인가? 아마도 [설릉]으로 발음하는 사람도 있고, [선능]으로 발음하는 사람도 있을 것이다. '선릉'은 유음화 현상을 적용하여 [설릉]으로 발음해야 하는데, [선능]도 표준 발음으로 인정하자고 주장할 수 있다. 그런데 왜 [선능]은 표준 발음으로 허용되지 못하는 것일까? '능'과 관련된 단어들을 제외하고 아래에 제시한 단어들과 같이 두 개의 요소로 분리할 수 없으면서 'ㄴ'과 'ㄹ'이 연이어 표기된 단어들을 살펴보면, 하나의 단어 경계 내에서 [ㄹㄹ]로 발음되고 있음을 확인할 수 있다.

권력[궐력], 한류[할ː류], 인류[일류], 곤란[골ː란]

그런데 'ㄴ'+'ㄹ'의 연쇄에서 어느 경우에는 [ㄹㄹ]로, 어느 경우에는 [ㄴㄴ]으로 발음된다고 규정하면 결과적으로 '경우에 따른' 발음들이 될 것이고, '경우에 따라' 발음이 달라진다면 이 규정에 '합리성'이란 단어를 제시하기는 어려울 것이다.

그런데 표준어의 실제 발음을 따르되 합리성을 고려하여 '표준 발음법'을 정함에는 어려움이 따르는 경우도 있다. 예컨대 '맛있다'는 실제 발음에서 [마싣따]가 자주 쓰이나 두 단어 사이의 받침 'ㅅ'을 [ㄷ]으로 발음하는 [마딛따]가 오히려 합리성을 지닌 발음이다. 이러한 경우에는 전통성과 합리성을 고려하여 [마딛따]를 원칙적으로 표준 발음으로 정하되, [마싣따]도 표준 발음으로 허용하기로 한 것이다('표준 발음법' 제15항 참조).

어떻게 쓰고
어떻게 발음해야 할까?

아래에 제시한 상호명에서 우리말 규범에 맞지 않은 표기는 무엇일까?

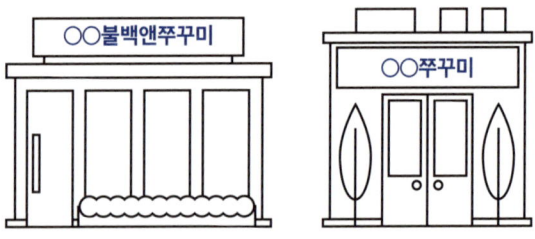

혹자는 '잘못된 표기가 없는데?'라고 생각할 수 있겠다.

그러나 '쭈꾸미'는 잘못된 표기이고, [쭈꾸미]도 틀린 발음이다. 문어과의 연체동물을 일컫는 이 단어의 표준 발음은 [주꾸미]이므로, '주꾸미'로 적는다. 그런데 우리는 현실 발음에서 된소리로 소리 내는 경향에 따라 '주꾸미'의 '주'를 [쭈]와 같이 발음하고 이에 이끌려 '쭈꾸미'로 적기도 하는 것이다. 이러한 사례는 발음의 변화가 표기의 변화까지 일으킨 경우라고 볼 수 있겠다.

표기의 변화까지 일으키지는 않지만 '작다'를 [짝따]로, '동그라미'를 [똥그라미]로 발음하는 경우도 어두에 불필요하게 경음화를 동원하는 사례라고 할 수 있다. 이러한 변화는 왜 일어나는 것일까? 우리말에서 예사소리보다 된소리나 거센소리는 더 강한 느낌을 주는데, 어떤 현상을 더 강조하여 표현하고 싶은 마음이 발음에 반영된 것일 수 있다.

발음에 관한 또 다른 사례를 살펴보자. 최근 국립국어원 누리집 '온라인 가나다' 게시판에는 노래 제목을 어떻게 읽는지에 대한 질문이 올라왔다. '밤양갱'의 표준 발음이 [바먕갱]인지, [밤냥갱]인지 알려 달라는 것이다.

'밤양갱'의 표준 발음은 아직 정해져 있지는 않지만, 우리말의 **음운 변동** 현상 중 하나인 'ㄴ' 첨가 현상이 일어날 수 있는 단어인 것은 맞다('표준 발음법' 제29항 참조). 〈표준어 규정)에 따르면 '밤양갱'은 '밤'과 '양갱'이 만나서 생긴 합성어이며, 앞말에 받침이 있고 뒷말이 '이, 야, 여, 요, 유' 중 하나이므로 'ㄴ'을 첨가하여 [밤냥갱]으로 발음하면 된다. 그런데, 비슷한 단어인 '팥양갱'은 [파댱갱]으로 발음된다고 사전에 나와 있다. '팥양갱'도 '밤양갱'과 동일한 조건을 갖추고 있으므로 'ㄴ첨가'가 일어날 수 있는데 왜 발음은 그렇지 않은 것일까.

이는 바로 'ㄴ' 첨가 현상이 필수적인 음운 변동 현상이 아니기 때문이다. 다시 말해 'ㄴ' 첨가 현상은 항상 일어나는 것이 아니라, 어떤 경우에는, 연음이 일어난 경우와 'ㄴ' 첨가 현상이 일어난 경우를 모두 표준 발음으로 인정하고 있기 때문이다. '표준 발음법' 제29항에 따라 'ㄴ' 첨가와 관련된 사례를 다음과 같이 구분해 볼 수 있다.

유형	예시	
'ㄴ'을 첨가하여 발음하는 경우	솜-이불[솜:니불] 막-일[망닐] 꽃-잎[꼰닙] 한-여름[한녀름] 신-여성[신녀성] 직행-열차[지캥녈차] 콩-엿[콩녇] 영업-용[영엄농] 백분-율[백뿐뉼]	홑-이불[혼니불] 삯-일[상닐] 맨-입[맨닙] 내복-약[내:봉냑] 남존-여비[남존녀비] 색-연필[생년필] 늑막-염[능망념] 담-요[담:뇨]식용-유[시굥뉴] 식용-유[시굥뉴]

'ㄴ'을 첨가하는 발음과 그렇지 않은 발음이 모두 가능한 경우	이죽-이죽[이중니죽/이주기죽] 야금-야금[야금냐금/야그먀금] 검열[검:녈/거:멸] 욜랑-욜랑[욜랑뇰랑/욜랑욜랑] 금융[금늉/그뮹]
'ㄴ' 첨가가 불가능한 경우	6·25[유기오] 3·1절[사밀쩔] 송별-연[송:벼련] 등-용문[등용문]

우리말에서 일어나는 'ㄴ' 첨가의 다양한 유형

위의 표를 보면 어느 정도 파악이 되겠지만, 'ㄴ' 첨가가 일어날 수 있는 음운적 조건을 갖추었다 하더라도 '솜이불' 같은 경우에는 'ㄴ' 첨가가 일어나는 반면, '금융'은 [그뮹]도 되고 [금늉]도 되며, '등용문'은 [등용문]만 가능한 것이다.

'밤양갱'과 '팥양갱'의 경우에도 마찬가지이다. 이들 단어 는 'ㄴ' 첨가의 음운적 조건은 갖추었지만 아직 표준 발음으 로 합의되지 않은 단어일 것이다. 이렇게 필수적인 음운 변동 이 아닌데 새로운 말이 등장할 때는 표준 발음을 정하는 데에 합의가 필요하다.

Class 3.

맞춤법,
자주 틀리는 이유는
무엇인가?

맞춤법에서 자유로워지고 싶은
학생들에게

'널빤지'를 '널판지'라고 착각하는 이유

'널빤지'와 '널판지' 중 어떤 것이 옳은 표기일까? 맞춤법 퀴즈의 단골 손님이다. '널판지' 아닐까 생각했다면 아쉽게도 정답이 아니다. 정답은 놀랍게도 '널빤지'이다.

'아쉽게도', '놀랍게도'와 같은 표현에는 많은 사람들이 '널판지'라는 표기를 선택할 것 같다는 판단이 담겨 있다. 이 표기가 맞춤법 퀴즈에 단골로 등장하는 이유 역시 마찬가지일 것이다. 오답은 그럴듯하고 매력적이다. 사람들은 왜 '널판지'라는 틀린 표기에 끌리는 것일까?

추측건대, '널판지'에서 두 번째 글자인 '판'이 연상케 하는 사물의 모습이 '널빤지'의 모양과 매우 유사하기 때문에 이런 착각이 생긴 것 같다. 한자 사전을 찾아보면 '板'은 '널빤지 판'으로 나와 있다. 훈이 '널빤지'이고 음이 '판'인 것이다. 물론 틀린 표기에 이끌리는 이유를 하나로 단정하긴 어렵다. 과거에 '널판조'라는 형태가 사용된 적이 있다는 점도 착각의 이유일 수 있다.

자주 틀리는 표기를 퀴즈 문제로 활용하고 그칠 일이 아니다. 자주 틀리는 데에는 이유가 있고, 그 이유를 잘 이해하고 활용하면 표기 능력을 효과적으로 기를 수 있기 때문이다.

'널빤지/널판지'만큼이나 맞춤법 퀴즈에 자주 등장하는 단어가 '깍두기'다. 흔히 '깍뚜기', '깎두기', '깎뚜기'가 정답과 함께 제시된다.[1] 평소에는 잘 쓰다가도 의식적으로 옳은 표기를 고르려 하면 어렵게 느껴지는 문제다.

정답을 맞히려면 두 부분을 모두 정확히 판단해야 한다. '깍'이 맞는지 '깎'이 맞는지, '두'가 맞는지 '뚜'가 맞는지. 정답을 듣고서도 한참 지나 다시 문제를 맞닥뜨렸을 때 헷갈림을 느꼈다면, 왜 헷갈렸는지를 곰곰이 생각해 볼 필요가 있다.

우선 왜 '깎'이라는 **오표기***에 이끌렸을까? 정확한 이유를 알기는 어렵지만 여러 가능성을 상상해 볼 수는 있다. '깎다'라는 동사의 '깎-'을 떠올렸을 가능성도 있지 않을까? 물론 깍두기는 깎는 행위라기보다는 써는 행위를 통해 만들어진 단어라는 점에서, '깎다'를 떠올렸을 것이라고 단정할 수는 없다(참고로 국립국어원 〈우리말샘〉의 역사 정보에 따르면, '깍두기'의 옛말은 '싹둑이'인데, 이 말은 물건을 단칼에 뚝 써는 모양을 의미하는 의태어 '싹둑'에 '-이'가 붙어 만들어졌다고 한다). 하지만 혹시라도 '깍두기'의 '깍'에서 '깎다'의 '깎'을 떠올린 적이

있다면, 그러한 연결 고리를 끊어 내는 것만으로도 '깍두기'의 '깍'을 '깎'으로 잘못 표기하는 오류를 막을 수 있다.

'깍두기'의 '두'를 '뚜'로 표기해서는 안 된다는 점은 〈한글 맞춤법〉에 나와 있는데, "다만, 'ㄱ, ㅂ' 받침 뒤에서 나는 된소리는, 같은 음절이나 비슷한 음절이 겹쳐 나는 경우가 아니면 된소리로 적지 아니한다."라고 명시하고 있다. '깍두기'의 두 번째 음절은 [뚜]로 발음되지만 'ㄱ' 받침 뒤에서 나는 된소리이고 같은 음절이나 비슷한 음절이 겹쳐 나는 경우가 아니므로 '두'로 적는 것이다(〈한글 맞춤법〉 제5항 참조).

맞춤법을 근거로 판단하는 것이 까다롭다면 관련 단어를

하나 떠올려 보면 된다. '국수'를 '국쑤'로 잘못 적는 일은 거의 없을 것이다. '국수'는 [국쑤]로 발음되지만, '[쑤]'가 'ㄱ' 받침 뒤에서 나는 된소리기 때문에 '수'로 적는다. '깍두기'의 '두' 역시 마찬가지이다. '국수'의 '수'를 '쑤'로 적지 않는다는 것을 떠올리면, '깍두기'의 '두'를 '뚜'로 적지 않는다는 것을 쉽게 판단할 수 있을 것이다.

[널따라타]라고 발음하고, '널따랗다'라고 쓴다

'널따랗다', '넓다랗다' 중 어느 것이 옳은 표기인지도 늘 헷갈리는 문제이다. 답은 '널따랗다'인데, 답을 듣고서도 뭔가 헷갈린다고 느끼는 경우가 많다. 이유는 겉보기에 유사해 보이는 단어들의 표기 방식이 달라서이다. 예를 들어, '넓적하다'는 '넙적하다'가 아니라 '넓적하다'로 적는다. 겹받침이 있는 다른 단어를 보아도 헷갈림은 좀처럼 사라지지 않는다. '굵다랗다'는 '국따랗다'가 아니라 '굵다랗다'가 옳은 표기이다. '널따랗다'와 '굵다랗다'. 도대체 어떤 기준에서 이렇게 적는 것인지 궁금해진다.

답은 역시 〈한글 맞춤법〉에 있다. 제21항에 따르면 '용언의 어간 뒤에 자음으로 시작된 접미사가 붙어서 된 말'은, '겹받침의 끝소리가 드러나지 않는 것'은 소리대로 적는다. '널따랗다', '널찍하다', '얄따랗다' 등이 사례로 제시되어 있다. [널따라타]라고 발음하므로 '넓-'의 'ㄹ'은 발음되고 'ㅂ'은 발음되지 않는다는 것을 알 수 있다. 'ㅂ'이 겹받침의 끝소리에 해당하므로 '넓-' 부분을 소리대로 적어 '널따랗다'가 되는 것이다.

이 표기가 헷갈리게 느껴졌다면 그 이유는 무엇일까? 몇 가지로 나누어 생각해 볼 수 있다. 우선 규정 자체를 알지 못한 경우이다. 규정을 모르면 개별 단어별로 올바른 표기에 익숙해지거나 기억하는 수밖에 없는데, 그렇게 하기에는 '널따랗다', '넓적하다', '굵다랗다'를 모두 기억하는 데 부담이 크다. 형태론적으로 유사해 보이는 단어들의 표기가 일관되지 않다는 인상을 받을 수 있기 때문이다.

규정을 알고 나면 헷갈리지 않을까? 규정을 알고 있더라도 **표준 발음**을 정확히 알아야 올바르게 쓸 수 있다. 만약 표준 발음이 [널따라타]라는 것을 모르고 [넙따라타]라고 착각하면, 규정을 알아도 올바르게 표기하기 어렵다. [넙쩌카다]를 [널쩌카다]로 착각하거나, [국:따라타]를 [굴:따라타]로 착각해도 마찬가지이다. 정확한 표기를 위해서는 개별 단어의 표준 발음에 대한 이해가 선행되어야 한다. 표기 교육과 발음 교육이 연계적으로 이루어져야 한다는 것[2]을 잘 보여 주는 사례이다.

66 '혼잣말'과 '인사말', '머릿돌'과 '머리말'

발음과 표기의 관련성에 대해 좀 더 생각해 보자. 발음과 표기를 관련지어 생각할 때, 발음에서 표기 순으로 생각하는 것이 좋을까, 아니면 표기를 보고 어떻게 발음할지, 즉 표기에서 발음 순으로 생각하는 것이 좋을까? 실제 언어생활에서 두 경우가 모두 존재하기 때문에 그 자체로 어느 것이 좋은지 나쁜지 우열을 가릴 수 있는 문제는 아니다. 중요한 것은 표기 문제를 다룰 때 어떤 상황을 가정하는 것이 타당한가이다.

혼자서 하는 말은 '혼자말'이 아니라 '혼잣말'이라고 표기하는 것이 맞고, 인사로 하는 말은 '인삿말'이 아니라 '인사말'이라고 표기하는 것이 맞다. 공사를 마치고 연월일 따위를 새

겨 놓는 돌은 '머리돌'이 아니라 '머릿돌'이라고 표기하는 것
이 맞고(물론 '머릿돌'과는 다른 의미인 '머리 돌', '머리돌'은 가능
하다), 책의 첫머리에 적는 글은 '머릿말'이 아니라 '머리말'이
라고 표기하는 것이 맞다. 표기를 보고 발음하는 상황을 생각
하면 이런 단어들의 표기 방식이 서로 다른 이유를 깨닫기 쉽
지 않다. '혼잣말', '인사말'은 '말'이 포함된 비슷한 구조의 단
어들인데 왜 어떤 단어에는 사이시옷 표기가 있고 어떤 단어
에는 없을까? '머릿돌', '머리말' 모두 '머리'가 포함된 단어인
데 왜 어떤 단어에는 사이시옷 표기가 있고 어떤 단어에는 없
을까? 표기에서 출발해서는 답을 찾기 어렵다.

　　발음에서 출발하면 답을 찾을 수 있다. 표준 발음을 먼저
생각하고, 표기는 그 발음을 표기법에 따라 적는 것이라고 생
각하면 쉽게 이해할 수 있다. 그러면 표기의 문제는 차치하고
표준 발음부터 생각해 보자. 발음 역시 개인에 따라, 지역에
따라 달라질 수 있으므로 표준 발음을 기준으로 생각해 보자.

　　[혼잣말], [인사말]이 표준 발음이다. [혼잣말]은 '혼자'
에 '말'이 결합돼서 만들어진 단어이고, [인사말]은 '인사'에
'말'이 결합돼서 만들어진 단어이다. 사잇소리 현상은 필수적
인 것이 아니라서 '혼자'와 '말'이 결합되면 [혼자말]이 아니
라 [혼잣말]로 발음되고, '인사'와 '말'이 결합되면 [인산말]이

아니라 [인사말]로 발음된다. 이처럼 표준 발음이 다르므로, [혼잔말]은 '혼잣말'로 사이시옷을 넣어 표기하고, [인사말]은 그렇게 하지 않고 '인사말'로 표기한다.

'머릿돌'과 '머리말' 역시 마찬가지이다. 표준 발음이 [머리똘/머릳똘], [머리말]이라는 데에서 출발해야 한다. 표준 발음이 다르므로 표기도 달라진다. [머리말]이라고 발음하는데 '머릿말'이라고 사이시옷 표기를 할 이유는 없기 때문이다.

이처럼 **발음과 표기의 관계**를 따질 때에는 표준 발음이 무엇인지 살펴보고, 이를 표기법에 따라 어떻게 표기해야 하는지의 순서로 생각해야 한다. 물론, 이것만으로 표기의 어려움이 다 해소되는 것은 아니다. 표준 발음을 정확히 아는 것 자체가 까다로운 사례들이 있기 때문이다. [머린말]이 아니라 [머리말]이 표준 발음이라는 것을 아는 것 자체가 선행되어야 올바른 표기를 할 수 있다. [인산말]이 아니라 [인사말]이 표준 발음이라는 것을 알아야 올바른 표기로 쉽게 이어질 수 있다. 필수적이 아닌 수의적 현상에 의한 발음은 이런 점에서 그 자체로 까다롭기도 하고, 표기의 어려움으로 이어지기도 한다. 언어생활 속에서 자연스럽게 익힐 수 있는 사례와 교육의 대상으로 삼아 특별히 가르쳐야 하는 사례를 구분해 볼 필요가 있다는 주장[3]이 힘을 얻는 지점이다.

66 '부나비'도 맞고 '불나비'도 맞다

'부나비'는 '불'과 '나비'가 결합할 때 'ㄹ'이 탈락했음을 보여 주는 사례로 자주 언급된다. '부나비'의 '부'는 원래 '불' 이었는데, '나비'와 결합하면서 'ㄹ'이 탈락했다는 것이다.

'ㄹ' 탈락의 세력이 약해진 지금, 현재를 살고 있는 우리 에게는 '불'과 '나비'가 결합할 때 왜 'ㄹ'이 탈락해야 하는지 직관적으로 잘 이해되지 않을 수 있다. [불라비]라고 발음해 도 되는 것 아닌가? 그럼 'ㄹ'을 탈락시키지 말고 '불나비'라 고 쓰면 되는 것 아닌가? 꼭 'ㄹ'이 탈락되어야 하나? 학창 시 절에 이런 의문을 한 번쯤 가져 보았을 수도 있다. '부나비'와 같은 사례를 통해 **음운 현상의 세력**이 시대에 따라 달라질 수 있음을 알 수 있다. 음운 현상이 모든 시대에 동일하게 적용된 것이 아니라는 점을 이해하는 것도 현재의 표기를 이해하는 데 도움을 준다.

하지만 한 가지 주의할 점이 있다. '부나비'만 맞는 것은 아니라는 점이다. 『표준국어대사전』에서 '부나비'를 검색해 보면 '한 걸음 더'에서 〈한글 맞춤법〉에 따라 '부나비'로 적는다고 설명한 후, "단, 'ㄹ'이 탈락하지 않은 '불나비'로도 적을 수 있다."라고 단서를 달고 있다. '불나비'를 검색해 보면 '부나비'의 원말이라고 뜻풀이가 되어 있다. 즉, 이 사례의 경우 'ㄹ'이 탈락한 형태도 맞고, 'ㄹ'이 탈락하지 않은 형태도 맞다.

'부나비'가 옳은 표기이고 유음 탈락이 적용된 사례라는 점을 이해하는 것도 의미 있지만, 한 걸음 더 나아가 단어에 따라 유음 탈락이 적용된 단어와 적용되지 않는 단어가 모두 공존할 수 있다는 점[4]까지 생각해 보는 것도 필요하다.

둘 중 어느 표기가 맞는지 아는 것도 어려운데, 두 표기 모두 맞는 경우까지 알아야 하느냐는 반문이 있을 수 있다. 물론 모든 사례를 다 아는 것은 어려운 일이고, 또 이 책에서 모든 사례를 다 외워야 한다고 주장하는 것도 아니다. 헷갈리는 표기가 있을 때 국어사전을 검색해서 올바른 표기를 확인해 가면 된다.

외워야 한다는 관점에서 보면 '둘 다 맞는 표기'는 부담스러운 존재임이 틀림없다. 하지만 관점을 조금 바꾸어 보면, 왜, 어떻게 두 표기가 다 맞을 수 있을까 하는 물음을 던져 볼 수 있다는 점에서 '둘 다 맞는 표기'는 교육적 가치를 지닌다고 할 수 있다. '부나비/불나비'와 같은 사례를 통해 음운 현상의 규범성에 대한 **언중**言衆**의 인식**이 시대에 따라 달라질 수 있고, 규범성 판단이 달라짐에 따라 어떤 표기들은 기존 표기와 함께 규범적인 것으로 인정받을 수도 있음을 배울 수 있다. 1장에서도 언급한 대로, 기술 발전에 따라 정확한 표기가 자동으로 이루어지는 시대를 상상해 보면, 이와 같은 어문 규범의 언어학적, 사회·문화적 맥락에 대한 이해가 언어적 주체를 길러내는 데 긴요하다는 것을 어렵지 않게 알 수 있다.

Class 4.

표준어가 되는 과정

왜 우리는 '짜장면'을
'짜장면'이라 쓸 수 없었을까?

❝ '짜장면'이 표준어가 되기까지 시간이 걸린 이유

"전 국민을 (형을 형이라 부를 수 없었던) 홍길동으로 만든 무리한 강요의 끝", "기념으로 짜장면 한 그릇 먹어야겠네요."

2011년 8월 31일 인터넷 공간에 환호성이 울려 퍼졌다. 국립국어원의 발표 때문이다. 국어원은 이날 '자장면'만 표준어로 삼는다는 원칙을 변경해 '짜장면'도 복수 표준어로 인정한다고 밝혔다. (중략) 시인 안도현은 소설 '짜장면(2002년)'에서 "나는 우리나라 어느 중국집도 자장면을 파는 집을 보지 못했다."라고 쓰며 짜장면 표기를 고수했다. 인터넷에서는 '짬뽕은 표준어로 인정되는데 왜

짜장면은 안 되냐'는 질타가 이어졌고 '짜장면 명칭을 되찾자'는 온라인 청원방도 생겼다. (···)[1]

2011년 8월 31일, 국립국어원은 '자장면'과 함께 '짜장면'을 **복수 표준어***로 인정하였다. 한 신문에서는 이날을 "전 국민을 홍길동으로 만든 무리한 강요의 끝"이라며 몇 년이 지난 후까지 기념하기도 했다. 그렇다면, 왜 그 전에는 짜장면을 '짜장면'이라 부르지 못하고 '자장면'으로만 부르도록 했을까?

이것은 짜장면이 순우리말에서 유래한 것이 아니라 '고기와 채소를 넣어 볶은 중국 된장에 비벼 먹는 국수'라는 '炸醬麵[zhajiangmian]'을 한글로 표기한 것이기 때문이다. 즉, 중국어 발음 'zh'는 'ㅈ'으로 표기하기로 한 〈외래어 표기법〉에 의거하여, 'zhajiangmian'을 '자장면'으로 표기하기로 하고 이를 표준어로 삼은 것이다. 이는 외래어를 표기할 때 'bus[bʌs]'

를 '뻐스'가 아닌 '버스'로, 'Paris[paʀi]'를 '빠리'가 아닌 '파리'로 표기하는 것과 같이 외국어의 음성이 된소리에 가깝게 들려도 모두 된소리로 표기하지 않고, 해당 음운에 대응할 수 있는 한국어 예사소리 음운을 기본으로 표기하기 때문이다.

그렇다면 우리는 '짜장면'뿐만 아니라 '뻐스'를 '버스'로 부르지 못하고, '빠리'를 '빠리'로 부르지 못하는 것인데 사람들은 왜 '짜장면'에만 그토록 억울한(?) 마음을 가진 것일까? 그 이유는 알 수 없으나, 2011년 국립국어원에서는 사람들의 이러한 마음을 잘 헤아려 '자장면'과 함께 '짜장면'을 표준어로 인정했다.

사실, 이런 사례는 상당하다. 우리가 초등학교에서 많이 심어 관찰하는 강낭콩은 '중국 강남 지역에서 온 콩'이라는 뜻의 '강남콩[강남江南+콩]'이었고, 한여름 하늘 향해 높게 자란 나뭇가지가 멋있어 오래된 공원에서 흔히 볼 수 있는 미루나무는 '미국에서 들여온 버드라무'라는 의미의 '미류나무[미류美柳+나무]'였었다. 조선 중종 22년인 1527년에 최세진이 만든 한자 학습서 『훈몽자회』에는 '豌'(완두 완)의 음과 훈이 '강남콩 완'으로 표기되어 있고, 박목월 작사의 동요 〈흰구름〉은 "미류나무 꼭대기에 조각구름이 걸려 있네."로 시작했다. 하지만 세월이 지나 어원에 대한 인식은 점점 사라지고,

강낭콩의 경우에는 두 번째 음절의 말음 'ㅁ'이 세 번째 음절의 첫소리 'ㅋ'의 영향을 받아 조음위치가 동일한 'ㅇ'으로 변하여 현재의 '강낭콩'으로 발음하게 되고, 또 미루나무의 경우는 '류'라는 이중 모음 발음보다 발음하기 편한 '루'로 단순화한 형태가 언중들에게 많은 선택을 받게 된 것이다. 그래서 더 이상 [강남콩], [미류나무]라고 발음하지 않게 되었다.

이런 현실을 고려하여 **〈표준어 규정〉**에서는 어원에서 멀어진 형태이지만 널리 굳어져 쓰이면 그것을 표준어로 삼도록 하고, 모음이 단순화한 형태로 널리 쓰이는 경우에도 이를 표준어로 삼도록 하여, 본래의 '강남콩', '미류나무'가 아닌 '강낭콩', '미루나무'를 표준어로 삼고 있다. 즉, 본래 그 말의 유래보다 언중들의 사용을 인정하여 표준어로 삼은 것이다 (〈표준어 규정〉 제5항, 제10항 참조).

이처럼 〈표준어 규정〉은 '현재 한국어 화자'들의 언어 사용의 편의성을 도모하고자 하는 것이지, 현실과 동떨어지게 형을 형이라 부르지 못하는 억울함을 만들고자 하는 것이 아니다. 단, 세상의 모든 '규정'들이 갖는 특성상 현실을 반영하여 빠르게 변화할 순 없기에 규정을 새롭게 정비하거나 현실을 반영하는 데는 시간이 걸린다. 또한 합리적으로 설명 가능한 방법으로 전체에 적용할 수 있는 규정을 만들다 보면 어떠한 특정 사례는 '짜장면'에서처럼 불합리해 보이기도 한다.

그렇다고 빠르게 변화하는 언어의 모습을 그때그때 빠르게 반영하여 규정을 바꾼다면, 또는 전체에 적용되도록 만든 규정에서 예외적인 사례들을 양산한다면, 오히려 해당 규정은 편의를 도모하는 규정이 아니라 자주 바뀌어 혼란스러운, 그리고 예외가 많아 규정이라 볼 수 없는 규정이 될 것이다. 자주 바뀐다는 것 그리고 예외가 많다는 것은 매번, 그때그때 규정들을 확인하고 익혀 하나하나의 사례에 적용해야 한다는 것을 의미하기 때문이다.

이렇게 볼 때 〈표준어 규정〉은 '현대'라는 시대적 기준과 '서울말'이라는 지역적 기준, 그리고 '교양 있는 사람들이 두루 쓰는 말'이라는 사회적 기준이라는 세 가지를 기준으로 삼아 현재의 한국어 화자들이 서로 다른 어형이나 의미를 사용하지 않고 공통된 어형과 의미로, 혼란이나 어려움 없이 한국어로 함께 소통할 수 있도록 돕는 고마운 존재인 것이지, 우리의 언어생활을 제한하는 것이 아님을 알 수 있다. 다만, 규정이라는 것이 갖는 특성상 완벽하지 못하고 한계가 있는 것일 뿐이다.

66 새말 중에서 어떤 말들이 표준어가 될까?

최근 '개-'라는 접두사가 유행하고 있다. '개꿀잼', '개이 득', '개좋다' 등등. 이들은 공영 방송과 신문 등의 자막이나 기사 표제어에서도 흔히 볼 수 있고, 『표준국어대사전』에 접 사 '개-'가 등재돼 있음을 근거로 '사전에도 있는 표준어'라며 이러한 사용을 합리화하는 사람들도 있다고 한다. 하지만 실 제로 『표준국어대사전』에서 접사 '개-'를 찾아보면 그 뜻풀이 와 용례가 다음 페이지의 표와 같이 나온다.

즉, '개-'는 '개떡', '개꿈'과 같이 '질이 떨어지는, 흡사하 지만 다른, 헛된, 쓸데없는'이라는 뜻을 더하는 접두사 또는 '개망나니'와 같이 부정적인 뜻을 지닌 일부 명사 앞에 붙어

개-9

「참고 어휘」 돌-, 참-

「접사」

「1」((일부 명사 앞에 붙어)) '야생 상태의' 또는 '질이 떨어지는', '흡사하지만 다른'의 뜻을 더하는 접두사
- 개금.
- 개꿀.
- 개떡.

「2」((일부 명사 앞에 붙어)) '헛된', '쓸데없는'의 뜻을 더하는 접두사.
- 개꿈.
- 개나발.
- 개수작.

「3」((부정적 뜻을 가지는 일부 명사 앞에 붙어)) '정도가 심한'의 뜻을 더하는 접두사.
- 개망나니.
- 개잡놈.

접사 '개-'를 『표준국어대사전』에서 검색한 결과 『표준국어대사전』에 등재된 접사 '개-'를 앞세워 '개꿀잼', '개좋다'와 같은 쓰임을 합리화하기는 어렵다.

'정도가 심한'의 뜻을 더하는 접두사이다. '개꿀잼'이나 '개좋다'에서와 같이, 긍정적인 의미에서 '보통보다 훨씬 더'라는 의미를 더하는 쓰임은 없다. 다시 말해, 『표준국어대사전』의 접사 '개-'를 앞세워 '개꿀잼', '개좋다'와 같은 쓰임을 합리화하기는 어렵다. 그렇다면, 이러한 새로운 쓰임은 우리말의 어

휘를 풍성하게 해 주는 것으로 보고 사전의 뜻풀이와 용례를 새롭게 작성해야 할까?

　신조어들 또는 기존 어휘나 접사의 새로운 쓰임을 『표준 국어대사전』에 등재한다는 것은 이들을 표준어로 인정한다는 의미이다. 그렇기에 상당한 심의 기간이 요구된다. 국립국어원에서는 거의 매년 신조어 등의 국어 실태 조사를 하고 있고, 이에 따라 분기별로 『표준국어대사전』이 보완 또는 수정되고 있다. 예를 들어, '갑질', '웹툰', '비대면', '은둔형'과 같은 신조어들은 이제는 『표준국어대사전』에서 찾아볼 수 있는 말들이 되었다.[2]

　그럼, 다시 앞선 질문으로 넘어가 보자. 접사 '개-'의 새로운 쓰임은 사전에 등재할 만한 것일까? **표준어 사정 원칙**에서 "표준어는 교양 있는 사람들이 두루 쓰는 현대 서울말로 정함을 원칙으로 한다."라는 규정을 토대로 생각해 보자. 즉, '교양 있는 사람들이 두루 쓰는 현대 서울말인가'를 생각해 보자는 것이다.

　먼저, '현대 서울말'인가를 생각해 보면, 젊은 층에서는 흔히 쓰이는 현대 서울말일 수 있지만 나이대가 중년만 넘어가더라도 이러한 쓰임은 흔치 않다. 오히려 속된 표현이라 사용하지 않으려는 사람이 많을 것이다. 즉, 모든 사람들이 흔히 쓰는 현대 서울말은 아닌 것이며, 쓰지 않으려는 경향이 있다 보면 '안습'과 같이 젊은 층 사이에서 한 시대 사용되다 사라지는 말이 되기 십상이다. 그렇기에 새말이나 새로운 쓰임을 표준어의 지위로 올리기까지에는 이 말이 오랫동안 언중에게 선택되어 사용되는지를 관찰할 시간이 필요하다.

또한 표준어는 현대 서울말이라는 기준 외에도 '품위 있는 언어'라는 사회적 기준 또한 존재한다. 품위 있는 말이 어떤 말인지는 다양하게 표현할 수 있겠지만, 〈표준어 규정〉에서는 이를 '교양 있는 사람들이 두루 쓰는 말'이라고 표현했다. 즉, 어떤 새말이 '표준어'로 인정받아도 되는 말인가를 고려할 때, 해당 어휘가 현재의 한국어 공동체 사이에서 한국어 문화를 긍정적인 문화로 만들어 나가는 데 합당한 말인지 그래서 이 말을 다음 세대에게 전수해도 되는 말인지를 점검하고 고려하면서 표준어로서의 지위를 부여하는 것이다.

물론, 『표준국어대사전』에 속어가 아예 등재되지 않는 것은 아니다. 하지만 접두사 '개-'와 같은 새말들에 표준어의 지위를 줄 것인가를 생각해 볼 때, 많이들 쓰지만 속된 표현이라 생각되어 교양 있는 언어생활을 위해 권장되기는 어려운 경우에는 적극적으로 사전에 등재하여 표준어로서의 지위를 부여하기는 어려울 것이다.

66 '웃프다'는 언제쯤 『표준국어대사전』에 등재될까?

국립국어원에서 편찬하는 인터넷 국어사전의 종류는 다양한데, 대표적인 것으로 『표준국어대사전』과 〈우리말샘〉이 있다. 이 두 사전에서 국어 어휘를 찾아보면, 『표준국어대사전』에는 없고 〈우리말샘〉에는 있는 말들이 많다. '웃프다'도 그중 하나이다.

'웃프다'는 〈우리말샘〉 사전 설명에서처럼 "표면적으로는 우습지만 실제로 처한 상황이나 처지가 좋지 못하여 슬프다."라는 의미로 쓰인다. 흔한 유행가의 한 소절인 "내가 웃는 게 웃는 게 아니야."와 같은 상황을 한 단어로 표현한 말인 셈이다. 또한, '웃다'의 어간과 '슬프다'의 어간 중 일부가 결합한 형태인 '웃프다'라는 말을 처음 듣더라도 그 의미가 무엇인지 얼추 추론이 가능하다는 점에서 최근 많은 사람들 사이에 흔히 사용되는 추세이다. 그렇다면, 국어 어휘를 풍성하게 하는 새말로서 '웃프다'가 국어사전에는 언제쯤 등재되는 것일까? 왜 〈우리말샘〉에는 있고, 『표준국어대사전』에는 없는 것일까?

국립국어원에서 편찬하고 있는 대표적인 인터넷 사전인 『표준국어대사전』과 〈우리말샘〉은 그 성격이 매우 다르다. 『표준국어대사전』은 **규범 사전**인 반면, 〈우리말샘〉은 **기술**記述**사전**이기 때문이다. 즉, '웃프다'는 현재 많은 사람들에 의해 사용되고 있다는 점에서, 한국어 공동체가 사용하고 있는 한국어를 그대로 기술하는 것에 목적을 둔 〈우리말샘〉에는 등재가 가능하다. 하지만 한국어의 규범을 보이며 규범적 언어 사용의 준거가 되는 『표준국어대사전』에 등재하기까지는 복잡한 절차와 신중한 검토가 전제된다.

표준어를 '바르고 좋은 순정언어純正言語, correct language'의 개념으로만 이해하는 것도 바람직하지는 않으나, 표준어는 나라에서 **공적 규범어**로 정해 쓰도록 하는 말이라 **공용어**에 비해 '규범성'을 강조하는 개념이기도 하다.[3] 이에 따라, 어떤 말을 표준어로 사전에 등재하는 과정은 국어의 다양성과 확장성을 훼손하지 않는 범위 안에서 꽤나 신중하고 엄격한 절차를 따른다. 국립국어원에서 일정 기간 국어 실태 조사를 수행하고 고빈도高頻度 민원을 점검하여 표준어로 검토할 만한 대상들이 선정되면, 『표준국어대사전』 정보 보완 심의회', '국어 규범 정비 위원회', '국어 심의회' 등에서 해당 표제어가 표준어로서 사전에 등재될 만한 것인지를 여러 차례 검토한 후 이를 표준어로 확정하게 된다.

'웃프다'의 경우, 많이 사용되고는 있으나 '웃다'나 '슬프다'와 같이 국어 생활의 모든 영역에서 골고루 많이 사용되고 있다고 보기는 어렵다. 인터넷 공간이나 젊은 층의 구어口語에서는 많이 사용되지만, 공식적인 혹은 30~40대 이상 성인의 언어에서는 그 사용을 쉽게 보기 어려운 새말이다. 또한, 서로 다른 한국어 용언이 결합되어 만든 합성어의 구성을 보면 어간과 어간이 결합되거나 연결 어미를 통해 두 용언이 결합되는 양상이 일반적이지, '웃프다'에서처럼 동사 '웃다'의 어간 '웃-'과 형용사 '슬프다'의 어간 중 일부인 둘째 음절 '-프-'가 결합되어 합성어를 만드는 경우는 흔치 않다.

이러한 점들을 생각해 볼 때, '웃프다'의 경우는 일차적으로 그 사용 범위가 좀 더 확장되어야 표준어로 선정될 확률이 높아질 것이고, 이차적으로 그 단어의 형성 양상이 국어의 다양성과 확장성에 기여할 수 있는지에 대한 검토가 다각도로 이루어진 후에야 『표준국어대사전』에 등재될 수 있을 것이다.

그렇다면 과연, 『표준국어대사전』에 등재되는 새말들이 있을까 싶기도 할 것이다. 『옥스퍼드 영어 사전』에 등재된 'chimaek(치맥)', 'mukbang(먹방)'과 같은 새말들을 『표준국어대사전』에서 보기를 기대한다는 것은 언감생심으로 보일 듯도 하다. 하지만 이리 엄격하게 새말들을 다루는 이유가 한국어와 한국어 사용자들을 위한 것이기에, 임시어臨時語나 유행어의 지위를 넘어선 새말들이 국어를 풍성하게 해 주는 역할을 한다고 판단되면 빠르게 사전에 등재하기도 한다. '간편결제', '통편집', '배꼽인사' 등 최근 탄생한 새말들은 일상생활에서 널리 쓰이고 있기에 사용 기간이 얼마 되지 않았음에도 빠르게 사전에 등재되었다. 새로운 문물을 표현하기 위해 도입된 영어식 표현 '리플(←reply)'과 '스크린 도어screen door'를 다듬은 말인 '댓글'과 '안전문'은, 그 사용 초기부터 『표준국어대사전』에 등재하여 다듬은 새말들이 기존의 영어식 표현보다 더욱 널리 사용될 수 있도록 했다.

그럼, '웃프다'에서처럼 새말의 구성 방법이 기존의 **단어형성법**과 다른 경우는 어떠할까. '먹을거리', '볼거리', '읽을거리'에서처럼 의존 명사 '거리'는 동사와 결합할 때 '먹을', '볼',

'읽을'과 같이 동사 어간에 관형형 어미 '-ㄹ'이 붙은 형태로 결합하는 것이 보통이다. 하지만 이와 달리 동사 어간에 곧장 '거리'가 결합하는 '먹거리'라는 말이 1970년대부터 쓰이기 시작했다가[4] '바른 먹거리'라는 한 회사의 표어가 등장한 후 기존의 '먹을거리'와는 다소 다른 의미로 널리 사용되었다. 이 경우, '먹거리'는 '거리'가 일반적으로 단어를 형성해 나가는 방법과 다른 구성이라고 배척되지 않고 2011년 '짜장면'이 등재되던 그해에 『표준국어대사전』에 새롭게 등재되었다. 물론, '웃프다'와는 조금 다르게, '덮밥', '먹보'와 같이 용언 어간에 곧장 명사나 접사를 결합하여 단어를 만드는 방식이 우리말에 존재하는 단어 형성 방법이기에 조금 더 수월하게 등재되었을지도 모른다.

Class 5.

외래어의
표기와 발음

외래어는 왜 실제 발음과
다르게 표기되기도 하는 걸까?

orange는 왜 '어륀지'가 아니라 '오렌지'일까?

우리말의 어휘는 고유어, 한자어, 외래어로 분류된다고들 이야기한다. 특히 최근 들어 영어에서 비롯된 외래어는 기하 급수적으로 늘어나고 있다. 그와 동시에 **외래어**★ 표기 원리에 관한 관심 또한 매우 높아졌다. 2022년 우크라이나-러시아 전쟁이 시작됐을 때, 우크라이나의 수도 이름인 '키예프'가 러시아어식 표기이므로, 원어에 가깝게 표기를 바꾸는 일이 생기기도 했다.

'키예프'가 '키이우'로 바뀐 이유는 무엇일까? 이는 〈외래어 표기법〉에서 "인명, 지명은 원지음原地音을 따르는 것을 원칙으로 한다."고 밝히고 있어, 이 원칙에 따라 '키이우'로 바꾼

★ 외래어

외국어와 외래어는 그 경계를 구분하기가 쉽지 않다. 다만 『표준국어대사전』에 따르면, 외래어는 '외국에서 들어온 말로 국어에서 널리 쓰이는 단어'이며, 외국어는 '외국에서 들어온 말로 아직 국어로 정착되지 않은 말'이다. 상황에 따라서는 외국어식 표현을 사용할 수도 있겠지만, 일상생활에서의 의사소통을 방해할 정도로 외국어를 많이 쓰는 것은 경계할 필요가 있다. 국립국어원 누리집의 '다듬은 말'에서는 외국어 표현을 우리말로 다듬은 사례를 보여 주고 있으므로 이를 참고하여 사용하도록 하자.

것이다(〈외래어 표기법〉 제4장 제1절 제2항 참조).

이렇게 외래어 표기에 대한 관심이 높아지면서, 사람들 사이에서는 모든 외래어를 원지음에 가깝게 표기해야 한다는 주장이 여러 차례 제기되기도 했다. 예컨대 'orange'의 원어 발음은 '오렌지'가 아니니, 이를 원어에 가깝게 '어륀지'로 표기해야 한다는 것이다. 필자는 이에 관한 질문을 어문 규범을 강의하는 자리에서 여러 차례 받아 왔다. 여러분은 이에 대해 무엇이라고 대답할 것인가? '오렌지'는 소위 한국식 영어 발음인 '콩글리시'이니, '어륀지'라고 바꾸자고 할 것인가?

이때 우리는 〈외래어 표기법〉이 '왜', '누구를 위해' 제정되었는지 되새길 필요가 있다. '외래어'는, 그 어원은 외국어에 있지만 한국어로서 표기하고 발음하기 위해 만들어진 어휘이다. 고유어가 아니므로, 외래어를 어떻게 표기해야 하는지에 대해서는 여러 논의가 있어 왔다.

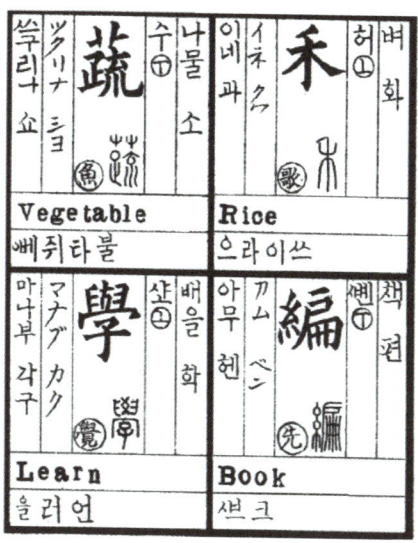

위 그림은 지석영과 전용규가 1908년에 편찬한 『아학편 兒學編』이라는 책의 일부이다. 특히 이 책은 여러 방법을 동원해서 영어의 발음을 한글로 표기하려는 노력이 돋보인다. 그런데 이 책의 영어 발음 표기와 국립국어원에서 제정한 외래어 표기 사이에는 큰 차이점이 있다. 『아학편』의 표기들은 '외국어를 학습'하기 위한 차원에서 이루어진 것들이지만, 〈외래어 표기법〉은 '외래어를 한글로 표기'하기 위한 방법을 안내한 것이다.

즉 외래어 표기는 한국어를 사용하는 언어 사회에서, 한국어를 사용하는 화자들이 **의사소통**을 원활하게 하기 위한 목적으로 제정된 것이지, 외국어의 발음을 학습하기 위한 목적으로 제정된 것이 아닌 것이다.

다시 '오렌지'로 돌아와서, 외국어의 발음을 학습하려는 목적이라면 '어뤤지'라는 표기가 일견 나은 선택일 수도 있겠지만, '오렌지'라는 표기가 우리에게는 더 익숙하고 의사소통을 용이하게 한다. 우리는 '편리한 의사소통'이라는 〈외래어 표기법〉, 더 나아가 어문 규범의 기본 취지를 항상 기억할 필요가 있다.

66   '까페'라고 쓰면
안 되는 걸까?
– 외래어 표기에 된소리를 잘 쓰지 않는 이유

─────────────────────────────

　〈외래어 표기법〉에는 "파열음 표기에는 **된소리**를 쓰지 않는 것을 원칙으로 한다."라는 규정이 있다(다만 태국어 등 몇몇 언어들에서는 된소리 표기를 허용한다. [예] 푸껫, 호찌민). 이에 따르면 프랑스어인 'café'를 우리말로 표기할 때는 '까페'가 아닌 '카페'로 써야 한다. 왜 외래어 표기에는 된소리를 잘 사용하지 않는 것일까?

　이 이유를 이해하기 위해서는 우리말 자음, 특히 'ㄱ, ㄷ, ㅂ'과 같은 **파열음**의 체계가 어떻게 이루어져 있는지, 그리고 그 음성적 특징은 어떠한지 알 필요가 있다. 음성학에서는 성대를 울리는 소리를 **유성음**, 성대의 울림이 없는 소리를 **무성**

음이라고 한다. 영어나 프랑스어, 일본어 등에는 유성 파열음과 무성 파열음의 대립, 즉 'g와 k', 'd와 t', 'b와 p'의 대립이 존재한다. 대립이 존재한다는 것은 유성 파열음과 무성 파열음이 각각 별개의 음운으로 존재한다는 것을 뜻한다.

그럼 한국어는 어떨까? 한국어에서는 무성 파열음과 유성 파열음의 대립이 존재하지 않는다. 한국어에서는 무성 파열음만이 존재하며, 다만 무성 파열음 내에서 'ㄱ-ㄲ-ㅋ'과 같이 '예사소리-된소리-거센소리'의 체계를 갖는다.

그렇다면 한국어에는 아예 유성음이 없는 것일까? 그것은 아니다. 다만 우리가 이것을 구별된 소리로 인식하지 못할 뿐이다. 가령 '불fire'을 음성 기호로 표기하면 [pul]이 된다. 그런데 '이불'을 음성 기호로 표기하면 [ibul]이 된다. '불'의 [p]는 'ㅂ'이 단어의 첫머리에서 무성 파열음으로 소리난다는 것을 보여 주는 것이며, '이불'의 [b]는 모음이나 유성음 사이에서 'ㅂ'이 유성 파열음으로 소리난다는 것을 보여 주는 것이다. 즉 '불'의 'ㅂ'과 '이불'의 'ㅂ'은 각각 무성음과 유성음으로 음성적 특징은 다르지만, 우리의 머릿속에는 이들이 똑같이 'ㅂ'으로 인식된다. 요컨대 한국어에서는 무성음과 유성음이 단어의 뜻을 구별해 주는 기능을 하지 못하는 것이다.

된소리는 어떨까? 앞서 이야기한 것과 같이 한국어에서

된소리는 뜻을 구별하는 기능을 갖지만, 외국어는 사정이 다르다. 영어와 프랑스어에서 된소리는 없다. 물론 우리의 귀에 된소리처럼 인식되는 외국어 소리들은 있다. 예를 들어 'Paris'는 [빠리]에, 'Tokyo'는 [도꾜]에 가깝게 들린다. 그러나 실제로는 이들 발음이 한국어의 거센소리나 된소리 어느 쪽과도 완전히 일치하지는 않으며, 또한 언어마다 다른 무성 파열음의 발음을 한국어의 거센소리에 더 가까운지 된소리에 더 가까운지 일일이 따져 규정을 달리하는 것도 현실적으로 어렵다.[1]

다시 말해 외국어에서 한국인의 귀에 분명 된소리로 들리는 음성은 존재하지만, 그것이 변별적인 음운으로는 기능하지 못한다. 일전에 한 외국인 친구가 한 말이 있다.

"나는, '냉면이 차요.'라고 하면 냉면이 '짜요'인 건지, '차요'인 건지 모르겠어."

외국인 친구의 말에서 한국어의 자음 체계와 외국어의 자음 체계가 갖는 차이점을 단적으로 이해할 수 있다. 우리말에서 된소리는 단어의 뜻을 구별할 정도의 변별적 기능을 갖지만, 외국어 화자들에게는 된소리와 다른 파열음이 변별적으로 인식되지 않는 것이다. 그러다 보니 'ㅉ'과 'ㅊ'이 변별적으로 인식되지 않아서 '소금기가 많아서 짜다'인 건지, '온도가 낮다'는 말인 건지 구분이 안 되는 것이다. 따라서 외국어의 음운 체계가 갖는 특성을 고려하여, 예사소리와 거센소리만을 외래어 표기에 사용하게 된 것이다.

'굿샷'은 맞고 '전신 샷'은 틀리다?

〈외래어 표기법〉에 따르면, 영어 'shot'은 어떻게 적는 것이 맞을까? 여기에는 여러 가지 〈외래어 표기법〉의 규칙이 적용된다. 먼저 'sh[ʃ]'는 모음 앞에서 '샤, 섀, 셔, 셰, 쇼, 슈, 시'로 적을 수 있다. 다음으로 '쇼트'인지 '숏'인지 '샷'인지를 판단하기 위해서는 받침 표기를 고려할 필요가 있는데, '짧은 모음 다음의 [p], [t], [k]는 받침으로 적는다'는 규칙을 적용하면 받침이 있는 '샷'이나 '숏'이 올바른 표기가 될 것이다. 마지막으로 외래어 표기의 기준이 되는 영어 발음을 고려했을 때 '샷'인지 '숏'인지를 결정해야 한다. 'shot'의 발음 기호는 [ʃɑːt]인데, 〈외래어 표기법〉에 따르면 'sh' 뒤의 모음이

[ɑ]일 때는 '샤'로 적게 되어 있다. 따라서 '샷'이 올바른 표기일 것이다.

그런데 '전신샷'을 검색했더니 '전신 숏'이 맞다는 검색 결과가 나왔다. 어떻게 된 일일까? 개방형 한국어 사전 〈우리말샘〉에 '숏'이라고 검색했더니, '한 번의 연속 촬영으로 찍은 장면을 이르는 말'의 뜻으로 쓰일 때에는 '숏shot'으로 쓴다는 것을 확인했다. 우리는 이를 통해서 같은 영어 단어라 하더라도 의미에 따라서나, 해당 영어가 사용되는 분야에 따라 표기가 달라질 수 있다는 점을 알 수 있다.

왜 이렇게 한 단어에 대한 표기가 두 가지나 생겨난 것일까? 이는 "이미 굳어진 외래어는 **관용**을 존중하되, 그 범위와 용례는 따로 정한다."라는 〈외래어 표기법〉과 관련이 있다(〈외래어 표기법〉 제1장 제5항 참조).

외래어는 그 차용 경로가 다양하기 때문에 이를 어떤 특정한 원칙으로만 표기하는 것에는 무리가 있다는 것이다. 예컨대 영어 'type'은 '타입'으로도 '타이프'로도 표기할 수 있는데, '유형'이라는 의미로 쓰일 때에는 '타입'으로, 타자를 친다는 뜻으로 쓰일 때에는 '타이프'로 적는 것이 관용적이다.[2] 'shot' 또한 이러한 관용에 의해 표기가 두 가지로 나뉘었다고 생각해 볼 수 있을 것이다.

그러면 이런 개별 사례들을 어떻게 다 파악할 수 있을까? 이를 위해 국립국어원 누리집에서는 〈외래어 표기법〉 '**용례 찾기**'를 제공하여, 각각의 상황이나 의미에 알맞은 표기를 안내하고 있으니, 이를 참고하도록 하자.

Class 6.

국어의
로마자 표기법

내 이름의 로마자 표기,
왜 어려울까?

Gwangalli(광안리)와 Gwangan-dong(광안동)이 서로 다른 곳이야?

부산의 관광 명소이자 많은 사람들이 사랑하는 장소인 '광안리'. 외국인이 이곳을 찾아가려면 'Gwangalli'라고 표기된 곳을 찾아가야 한다. 하지만 광안리 근처에 도착하여 지도를 보면 그 위치는 'Gwangan-dong'이라고 표기되어 있어 혼란에 빠진다는 재미있는 신문 기사가 있었다. 한글로는 '광안+리'와 '광안+동'이기에 동일한 지역임을 우리는 분명하게 알 수 있지만, 로마자 표기법으로는 'Gwangal+li'와 'Gwangan+dong'이라 표기되어 있어 외국인들에게는 동일한 지역인지 혼란스러운 광안리와 광안동. 그 이유는 무엇일까?

그 이유를 알기 위해서는 우선, 〈국어의 로마자 표기법〉

이 무엇인지를 알아야 한다. 〈국어의 로마자 표기법〉은 4대 어문 규범 중에서 그 성격이 무척 다른 규정이다. 〈한글 맞춤법〉을 비롯한 나머지 어문 규정들은 한국어 화자를 대상으로 하는 반면에, 〈국어의 로마자 표기법〉은 한국어와 한글을 알지 못하는 외국인들을 위해 한국어를 로마자로 표기하는 것과 관련한 규정이다.

각 언어는 서로 다른 음운 체계를 지니고 있고 또 표기에 사용하는 문자 역시 다르다. 그렇다면, 한국어와 한글을 모르는 전 세계 외국인들이 한국어 지명이나 인명 등을 알아볼 수 있도록 하려면 어떻게 해야 할까? 우선, 한국어를 한글로 표기하는 것이 아니라 전 세계 외국인들이 알아볼 수 있는 문자를 사용하여 표기하는 것부터 시작해야 한다. 한자, 히라가나, 로마자, 키릴 문자 등 각각의 언어마다 사용하는 문자는 서로 다르지만, 그나마 가장 많은 사람들이 알아볼 수 있는 문자 표기법은 로마자를 사용하는 표기일 것이다. 이에 따라 한국어를 로마자로 어떻게 표기할 것인지와 관련한 규정, 즉 〈국어의 로마자 표기법〉이 탄생했다.

그렇다면 구체적으로, 로마자로 한국어를 어떻게 표기할 수 있을까? 크게 두 가지 방향을 생각해 볼 수 있다. 첫 번째는 한글 표기 그대로 따라 표기하는 방법이다. 이렇게 표기된 문자를 기반으로 하는 방법을 '문자字를 그대로 옮겨 적는다' 하여 **전자법**轉字法이라고 부른다. 즉, '신라'를 'Sinra'로, '왕십리'를 'Wangsipri'로 표기하는 방법이다. 이렇게 하면 지도를 보고 내가 원하는 곳을 찾아갈 수는 있겠지만, 지나가는 한국 사람에게 길을 물어볼 때는 혼란스러울 수 있다. 표기 그대로 가 현실 발음이 아니기 때문이다.

한국인은 '신라'를 [실라]로 발음하고 '왕십리'를 [왕심 니]로 발음한다. 하지만 한국에 처음 온 외국인이 버스나 지 하철에서 "[이번 녀근 왕심니, 왕심니여김니다. 내리실 무는 오른쪼김니다]"라는 안내 방송을 들을 때는 어떨까? 내가 가 는 곳은 '왕십리'인데, '[왕심니]'에서 내려야 하는지 혼란스 러울 것이다. 이에 따라 지도의 표기를 읽는 데에서가 아닌 듣고 말하는 데에서의 편리함을 도모하기 위해 발음 즉 음 성을 기반으로 표기 방법을 정할 수도 있을 것이다. '신라[실 라]'는 'Silla'로, '왕십리[왕심니]'는 'Wangsimni'로 표기하는 것이다. 이러한 음성 기반의 표기법을 '말소리를 문자로 그대 로 옮겨 적는다' 하여 **전사법**轉寫法이라고 한다.[1]

현행 〈국어의 로마자 표기법〉은 이 두 번째 방법을 기본 으로 했다. 예를 들어 '독립문'을 로마자로 표기할 때 한글 표 기를 기반으로 'Doklipmun'으로 표기하지 않고 표준 발음

[동님문]을 기반으로 'Dongnimmun'으로 표기한다는 것이다. 〈국어의 로마자 표기법〉에서는 "국어의 표준 발음법에 따라 적는 것을 원칙으로 한다.", "음운 변화가 일어날 때에는 변화의 결과에 따라 적는다."와 같은 규정을 통해 이를 명확하게 밝히고 있다(〈국어의 로마자 표기법〉 제1장 제1항, 제3장 제1항 참조).

이렇게 한국어를 모르는 외국인들이 한국어 음성을 기반으로 한국어 표기를 알아볼 수 있도록 하려다 보니, 안타깝게도 '광안리'는 그 발음 [광알리]를 기반으로 표기되어 '광안동'과 서로 다른 형태로 표기가 된 것이다. 무엇이 〈국어의 로마자 표기법〉이 목표로 하는 좀 더 편리하고 타당한 표기인지에 대하여는 좀 더 연구와 고민이 필요해 보인다. 다만, 어떠한 표기법을 채택하더라도 거기에는 장점과 함께 단점 혹은 한계가 항상 뒤따를 것은 분명하다. 세계 다른 언어의 표기법 체계를 보더라도, 완벽한 표기법이란 없다.

박항서 감독이 베트남에서 '바깡쎄오'라고 불리는 이유는?

로마자를 이용하여 한국어를 표기하는 과정에서 발생하는 문제는 비단 '광안리'와 '광안동'뿐만이 아니다. 로마자 자음 표기는 기본적으로 'g와 k', 'd와 t', 'b와 p' 등 유성음과 무성음에 할당된 자소字素(음소를 표시하는 최소의 문자 혹은 문자 결합)만이 존재하는데, 한국어 자음은 'ㄱ-ㄲ-ㅋ', 'ㄷ-ㄸ-ㅌ', 'ㅂ-ㅃ-ㅍ' 등과 같이 '예사소리-된소리-거센소리'의 세 가지 서로 다른 속성의 자음들이 존재하기 때문에 로마자로 이러한 한국어 자음을 제대로 표기하기는 어렵다.

이러한 문제는 모음자에서도 마찬가지이다. 로마자에서 모음에 해당하는 자소는 'a, e, i, o, u' 이렇게 5개다. 이 5개의 문자로 단모음자만 해도 10개인 한국어 모음들을 표기해야 한다. 예를 들어, 로마자로 'ㅓ'를 어떻게 표기할 수 있을까? 발음이 그나마 가장 유사하게 표현될 수 있는 'e'로 단순화하는 방법, 'o'에 반달표(˘)를 부가하여 'ŏ'라고 적는 방법 등등, 'a, e, i, o, u'로 표기할 수 없는 'ㅓ'를 어떻게 표기하는 것이 외국인들이 이 소리를 보다 쉽게 인식하면서도 한국인들이 국어의 로마자 표기를 불편하지 않게 적을 수 있을까에 대한 많은 논의가 있었고, 실제로 1984년 〈국어의 로마자 표기법〉에서는 'ㅓ'를 'ŏ'로 표기하는 방법이 채택되기도 했다.

하지만 이러한 표기는 다른 언어권에서도 사용하지 않는 문자라는 점에서 외국인들도 이해하기 어렵고, 한국인들도 컴퓨터 자판에서 어떻게 표기해야 하는지 알기 힘든 불편한 방식이었다. 이에 따라 현재는 로마자 모음 2개를 사용하여 'e'와 'o'에 가까운 발음이라는 것을 알 수 있도록 'eo'로 표기하는 방식을 채택하고 있다.

그러다 보니 재미있는 사례들이 발생하기도 한다. 베트남 축구의 새로운 역사를 써 가고 있는 박항서 감독은 베트남에서 '바깡쎄오'라고 불린다고 한다. 〈국어의 로마자 표기법〉을 기본으로 박항서 감독의 이름을 표기해 보면 'Park Hangseo'인데, 〈국어의 로마자 표기법〉의 표기 일람을 알 리

없는 베트남 사람들은 이 'seo'라는 표기에서 'eo'를 '어'로 읽지 않고 '에오'라고 읽기 때문이다.

그렇다면 도대체 'ㅓ' 표기를 어떻게 하면 좋을까? 발음 기호를 사용하는 건 어떨까? 로마자 자소로만은 한국어 모음을 표기하기가 어려우니, 'ㅓ'를 'ə'로, 'ㅐ'를 'æ'로, 'ㅚ'를 'ø'로 표기하는 등 사전에서 많이 볼 수 있는 **국제 음성 기호**를 활용하는 방법 말이다. 이는 해당 모음 소리를 보다 명확하게 표기하는 방법이다. 하지만 로마자라는 문자 표기에 비해 각각의 국제 음성 기호들이 어떠한 소리를 나타내는지 이해하지 못하는 사람들이 더 많을 가능성이 있다. 즉, 지금의 〈국어의 로마자 표기법〉에는 여러 한계들과 불편함이 있지만, 외국인과 한국인 모두에게 더 편리한 방식으로 한국어 음운을 표기하기 위해 많은 고민과 논의를 거쳐 선택한 최선의 표기법이라는 점도 인정해야 할 것이다.

66 '이'씨는 왜
'Lee'로 적는 걸까?

세계 곳곳을 여행하다 보면 삼성, LG, 현대 등 반가운 한국 기업의 간판이나 표지들을 자주 볼 수 있다. 이러한 기업들의 이름 표기를 살펴보면, 삼성은 'Samsung'으로, 현대는 'Hyundai'로 표기하고 있다. 지금의 〈국어의 로마자 표기법〉대로라면 삼성은 'Samseong'으로, 현대는 'Hyeondae'로 표기해야 하는데 이러한 표기들은 어떻게 설명할 수 있을까?

앞에서도 계속 설명한 바와 같이, 어문 규정이란 우리의 언어생활에서 혼란을 방지하고 의사소통의 편의성을 돕기 위해 만들어진 것이다. 〈국어의 로마자 표기법〉 역시 마찬가지이다. 로마자로 한국어를 표기하기에 적합한 기준을 세우고

그에 준하여 표기를 통일함으로써 의사소통을 편하게 할 수 있도록 돕기 위한 규정이다. 이에 따라 〈국어의 로마자 표기법〉에서는 고유 명사를 표기할 때 유의할 점으로 "인명, 회사명, 단체명 등은 그동안 써 온 표기를 쓸 수 있다."라는 조항을 별도로 두었다(〈국어의 로마자 표기법〉 제3장 제7항 참조).

〈국어의 로마자 표기법〉을 원칙으로 하되, 발음에서 너무 멀어지지 않아 문제가 없는 선에서는 일정 부분 선택할 수 있도록 한 것이다. 예를 들어, '부산'은 현행 〈국어의 로마자 표기법〉에 의하면 'Busan'으로 쓰지만, 이전 규정에서는 'Pusan'으로 썼다. 이에 따라 이전 규정을 기준으로 기업명이나 학교명을 로마자로 표기해 온 경우, 2000년 이후 규정이 바뀌었다고 해당 기업명이나 학교명에서 P를 B로 바꾼다면 여러 혼란이 예상될 수 있다. 부산대학교의 영문 표기가 "Pusan National University"인 이유가 여기에 있다.

이 외에도 'ㅓ' 발음을 〈국어의 로마자 표기법〉에 준하여 'eo'로 표기할 때 이름 표기가 길어지기에 '삼성'의 로마자 표기에서처럼 'ㅓ' 모음을 'u'로 표기하는 사례들이 많다. 간략하고 간명한 표기로 이름을 한 번에 쉽게 인식할 수 있도록 하기 위함이다. 피겨스케이팅 선수 김연아는 이름을 'Yeona'가 아닌 'Yuna'로 표기하고, 프로 농구 선수 이정현은 국가대

표 출전 시 이름을 'Jeonghyeon'이 아닌 'Junghyun'으로 표기해 왔다. 물론, 피아니스트 조성진의 경우처럼 로마자 표기법의 기준을 그대로 적용하여 이름을 'Seong-jin'이라고 'ㅓ'를 'eo'로 표기하는 이들도 많다.

그렇다면, 고유 명사인 자신의 이름을 로마자로 표기할 때 무엇을 고려하면 좋을까?

먼저, "고유 명사는 첫 글자를 대문자로 적는다."와 "인명은 성과 이름의 순서로 띄어 쓴다. 이름은 붙여 쓰는 것을 원칙으로 하되 음절 사이에 붙임표(-)를 쓰는 것을 허용한다."(〈국어의 로마자 표기법〉 제3장 제3항과 제4항 참조)라는 표기법 조항을 고려하여, 첫 글자는 대문자로 쓰고 성과 이름의 순서로 띄어서 쓴다. 예를 들어, 자신의 이름이 '신정호'라면 'Shin Jeongho'라고 쓰되, 이름 부분에서 음절 구분을 분명하게 해 주기 위하여 'Shin Jeong-ho'라고 붙임표를 사용할 수도 있다는 것이다. 이름 표기에서는 음운 변화를 표기에 반영하지 않고 문자 그대로 적는 전자법을 기본으로 한다.

그럼, 여기에서 드는 의문점이 하나 있을 것이다. 성姓인 '신'은 왜 'Sin'으로 적지 않고 'h'를 삽입하여 'Shin'으로 적는가 하는 점이다. 〈국어의 로마자 표기법〉에는 "성의 표기는 따로 정한다."라는 규정도 있는데, 이는 영어 어휘로 인해 여러 의미상의 간섭을 주는 표기를 피하기 위함이다. 예를 들어, '신'을 그대로 'Sin'으로 적는다면, 영어권 화자들에게는 영어 단어 'sin(죄)'이 먼저 떠오를 것이다. 이는 비단 '신'씨만의 문제가 아니다. '강'씨의 경우, 'Gang'으로 표기한다면 영어 단어 'gang(범죄 조직, 갱)'이 연상될 수도 있고, '노'씨를 'No'로 표기한다면 부정의 응답 'No!'가 먼저 생각날 것이다. 따라서 이러한 불필요한 연상이 없도록 보통 '신'씨는 'Shin'으로, '강'씨는 'Kang'으로, '노'씨는 'Noh'로 표기한다.

이 외에도 '이'씨나 '오'씨와 같은 경우 단모음 'I'나 'O'로만 성을 표기한다면, 외국인의 입장에서 이렇게 하나의 글자로만 표기된 것이 성이나 이름인지 의문이 들거나 혼란스러울 수 있기에 '이'씨는 그동안 써 오던 관습에 따라 'Lee'를 쓰거나 단모음자가 아닌 'Yi'로 표기하는 경우가 일반적이고, '오'씨의 경우는 'O' 뒤에 묵음 'h'를 부가하여 'Oh'로 표기하는 것이 보통이다.

Class 7.

어원 의식과 어문 규정

한 단어에
하나의 역사

‘놀다’와 ‘놀음’과 ‘노름’, ‘막다’와 ‘마개’의 표기에 반영된 원리는?

다음 질문에 답해 보자. 어떻게 적는 것이 옳은가?

① ┌ 꼭두각시놀음 한 판 잘 보고 왔어. (○, ×)
  └ 꼭두각시노름 한 판 잘 보고 왔어. (○, ×)

② ┌ 놀음에 빠져서 큰 돈을 잃었어. (○, ×)
  └ 노름에 빠져서 큰 돈을 잃었어. (○, ×)

〈한글 맞춤법〉에 따르면, ①에서는 ‘꼭두각시놀음’이 맞고 ②에서는 ‘노름’이 맞다(〈한글 맞춤법〉 제19항 참조). 왜 이와 같이 다르게 적도록 한 것일까?

'놀음'과 '노름'은 모두 기원적으로 '놀다'의 '놀-'의 의미와 관련이 있다. 놀이로서의 '놀음'은 '놀-'이 본디 가지고 있는 의미, 즉 '놀다'의 **본뜻**을 유지하고 있다. 그러나 도박으로서의 '노름'은 '놀다'의 본뜻에서 멀어졌다고 할 수 있다. 이로 인해 같은 '놀-'이라는 뿌리를 앞말로 가지고 있으며, 뒷말로 같은 형태의 '-음'이 결합한 말임에도 불구하고, 〈한글 맞춤법〉에서는 이들을 '놀음'과 '노름'으로 구별하여 적도록 한 것이다. 즉 한 단어를 둘로 나눈 것의 앞부분을 앞말, 뒷부분을 뒷말이라고 부를 때, 앞말이 '놀다'의 본뜻을 유지하고 있는 '놀음'은 앞말 '놀-'과 뒷말 '-음'의 경계를 밝혀서 적는다. 이에 비해 앞말이 '놀다'의 본뜻으로부터 멀어진 '노름'은 소리대로 적는 것이다.

앞말만 중요한 것은 아니다. 이번에는 다듬을 때 쓰는 물건인 '다듬이'와 막을 때 쓰는 물건인 '마개'를 보자. '다듬이'는 '놀음'을 '놀-'과 '-음'으로 쉽게 나눌 수 있었던 것과 같이, '다듬다'의 '다듬-'과 물건의 뜻을 더하는 '-이'로 나누어 볼 수 있다. 그런데 '마개'는 왜 '막애'가 아니라 '마개'인가? '마개'는 분명 '막다'의 '막-'이라는 본뜻을 가지고 있다. 그런데 '막-'과 '-애'로 나누고 보면, 오늘날 '-애'가 무엇인지 설명하기가 어렵다. '다듬이'의 뒷말인 '-이'가 '미닫이', '벼훑이', '살림살이' 등에서 쉽게 확인되는 것과 달리, '마개'의 뒷말 '-애'는 오늘날까지 남아 있는 예가 많지 않기 때문이다. 따라서 '마개'가 '막다'의 본뜻을 유지하고 있더라도 '막애'로 적지 않으며, 소리 나는 대로의 형태인 '마개'로 적는다.

이처럼 〈한글 맞춤법〉에서는 앞말과 뒷말의 본뜻이 유지되고 있으며 뒷말이 비교적 여러 앞말에 결합할 때, 앞말과 뒷말의 경계를 밝혀 적도록 한다. 앞말이나 뒷말이 본뜻으로부터 멀어졌거나 뒷말이 제한된 앞말에만 결합할 때에는 앞말과 뒷말의 경계를 밝히지 않고 소리대로 적도록 한다.

여기서 '본뜻'은 말의 근원, 즉 **어원**語源/語原으로 이해할 수 있다. 15세기부터 19세기까지의 국어 문헌에서 어원을 확인할 수 있으나, 오늘날 언어생활에서는 더 이상 어원이 잘 인식되지 않아서 소리대로 적는 예로는 '무덤', '마중', '지붕', '바가지' 등이 있다(〈한글 맞춤법〉 제19항, 제20항 참조).

'무덤'과 '묻다', '마중'과 '맞다' 각각의 의미적 연관성은 국어 화자라면 오늘날에도 쉽게 떠올릴 수 있다. 이는 '묻-', '맞-'에 대한 **어원 의식***이 여전히 있기 때문이다. '지붕'과 '집', '바가지'와 '박'도 마찬가지이다.

그렇다고 하여 이들을 '묻엄', '맞웅', '집웅', '박아지'로 표기하는 사람을 찾아보기는 어렵다. 앞말과 뒷말 사이에 경계가 있다는 인식이 있을지라도 오늘날 다른 말 뒤에서 '엄', '웅', '아지' 등이 생산적으로 쓰이지 않으므로 이것을 드러내어 적을 필요를 느끼지 못하는 것이다.

'놀음'과 달리 '노름', '묻엄'이 아닌 '무덤', '집웅'이 아닌 '지붕'으로 적는 것이 거부감 없이 오늘날 표기 생활에 정착되어 있는 것은 언중의 어원 의식과 〈한글 맞춤법〉의 규정이 일치하는 사례이다. 이처럼 어원이 인식되는 것은 형태를 고정하여 적고, 그렇지 않은 것은 소리를 우선하여 적도록 구별하여 표기 생활의 조화와 효율성을 추구하고 있다.

66 '몇 일'이 아니라 '며칠'인 까닭은?

"생년월일이 몇 년 몇 월 (   )인가요?"에서 괄호 안에 들어갈 말로 '몇 일'을 넣고 싶었던 적이 있지 않은가? "여행을 (   ) 동안 다녀오시나요?"에서는 '몇 일'인가, '며칠'인가?

어문 규정에 따르면 괄호 안에 들어갈 말로 '며칠'만 맞고 '몇 일'은 바르지 않다. '며칠'과 '몇 일'은 국립국어원 누리집(대국민 국어 상담 코너인 '온라인 가나다')에 매년 질문이 올라올 정도로 헷갈리는 표기이거나 많은 사람들의 마음에 들지 않는 표기이다. '몇 년'과 '몇 월'은 바른데 왜 '몇 일'이 아니라 '며칠'인가?

'며칠'로 표기하는 이유에 대해 〈한글 맞춤법〉은 '어원'을 들고 있다. 〈한글 맞춤법〉제27항에는 "둘 이상의 단어가 어울리거나 접두사가 붙어서 이루어진 말은 각각 그 원형을 밝히어 적는다."라는 규정이 있다. 더불어 "어원이 분명하지 아니한 것은 원형을 밝히어 적지 아니한다."라고 하였으며, 그 예로 '끌탕', '업신여기다', '부리나케' 등과 함께 '며칠'을 들고 있다. 다른 예와 달리 '며칠'은 1933년에 조선어학회가 정한 '한글 맞춤법 통일안'에서도 '며칠[幾日]'만을 취하고 '몇일'을 버리라고 제시되어 있을 정도로, 오랜 기간 많은 사람들이 헷갈리고 있는 말이다.

사실 '며칠'이라는 표기에 대한 의아함 혹은 '몇 일'로 적고 싶은 마음은 어원적으로도 상당한 개연성을 가지고 있다. '며칠'의 어원은 15세기의 한글 문헌에서 확인할 수 있는 '며츨'인데, '몇'과 '을'의 결합으로 추정된다. 즉 과거의 문헌에서 눈으로 확인할 수 있는 어원은 '며츨'이지만, 그보다 더 분석적으로 어원을 따지자면 '몇'과 '을'로 나누어 볼 수 있는 것이다.

이렇게 어원을 추적할 수 있음에도 불구하고 〈한글 맞춤법〉에서는 왜 '어원을 명확하게 확인할 수 없는 경우'로 포함하여 '며칠'만을 인정한 것일까? 〈한글 맞춤법〉의 '해설'에서는 '몇 월'이 [며둴]로 소리 나는 것과 같이 '몇 일'은 [며딜]로 소리 나야 하지만 그렇지 않기 때문이라는 점을 들고 있다. [며칠]은 '몇'과 '일'로 구별할 수 없어 어원을 확인할 수 없는 경우로 해석한 것이다. 이에 따라 소리 나는 대로 '며칠'로 적도록 했다.

이처럼 '며칠'은 어원 형태인 '며츨'을 거의 그대로 유지한 표기이기도 하고, 더 분석 가능한 어원인 '몇'을 밝혀 적지 않은 표기이기도 하다. '며츨'로부터 이어진 '며칠'이라는 표기가 정해진 지 오랜 세월이 지났음에도 언중에게 내재해 있는 어원 의식과 어문 규정에 따른 표기에 불일치하는 부분이 있기에 궁금증이 이어지는 것으로 보인다. 물론 '몇 년', '몇 월'로부터의 유추 또한 강하게 작용하고 있을 것이다. '며칠'은 어원과 표기 사이의 접점과 충돌을 볼 수 있는 흥미로운 예이다.

66 '젓가락'은 'ㅅ' 받침인데, '숟가락'은 왜 'ㄷ' 받침일까?

영화 〈번지 점프를 하다〉에서 여자 주인공이 남자 주인공에게 '젓가락'은 'ㅅ' 받침인데 '숟가락'은 왜 'ㄷ' 받침을 쓰는지 묻는다. '수'에 'ㄷ' 받침이 오는 것이 '숟가락' 하나밖에 없는 데다가 '숟가락'과 '젓가락'의 받침 발음이 같으니 '숟가락'에도 'ㅅ'을 적으면 되지 않느냐는 것이다. 국문과 대학생인 남자 주인공은 젓가락은 벌려서 음식을 집는 모양이기 때문에 'ㅅ', 숟가락으로는 음식을 푸기 때문에 모양이 'ㄷ'이라고 임기응변을 하며 얼버무린다. 여자 주인공의 질문에 제대로 답해 준다면 어떻게 설명할 수 있을까?

먼저 비교적 간단한 '젓가락'의 표기 원리를 알아보자.

'젓가락'의 'ㅅ'은 '나뭇가지', '쇳조각' 등 익숙한 표기에 포함된 'ㅅ'과 동일한 것이다. '나무+가지', '쇠+조각'과 같이 앞말과 뒷말이 결합할 때 표기되는 'ㅅ'이며 '젓가락'에서도 마찬가지이다. 이 'ㅅ'은 잘 알려져 있다시피 '사이시옷'이라고 불리며, 사이시옷의 표기 원리는 〈한글 맞춤법〉에서 여러 가지 경우로 나뉘어 안내되어 있다. 그중 '젓가락'은 [저가락]이 아닌 [저까락/젇까락]으로 소리 나므로 'ㅅ'을 적는다는 비교적 간단한 원리로 설명할 수 있다. [나무까지]와 '나뭇가지', [쇠쪼각]과 '쇳조각'처럼 말이다(〈한글 맞춤법〉 제30항 참조).

그런데 왜 하필 'ㅅ'인가? 그 답은 국어의 역사를 거슬러 올라가 보면 찾을 수 있다. '나뭇가지'와 '쇳조각'에 남아 있는 'ㅅ'은 마치 '의'처럼 앞말이 뒷말을 꾸며 주는 역할을 아주 오랜 옛날부터 해 왔다. '젓가락'은 15세기 국어의 '져[節/箸]'에 이 'ㅅ'이 결합하여 '가락'을 꾸며 주는 구조로 합쳐진 '졋가락'이 오늘날까지 이어진 말이다.

'숟가락'의 표기 원리는 조금 더 복잡하다. '숟가락'이 '숟+가락'인가? 아니다. '술+가락'이다. '술'의 존재는 "밥 한 술 떠."와 같은 예에서 확인할 수 있다. 이 '술'과 젓가락의 '져'가 결합한 말이 16세기 국어에서부터 확인되는 '수져' 또는 '술져'이다. 국어에서는 '바놀+질'이 '바ᄂᆞ질'(오늘날의 '바느질')

이 되는 것과 같이, 단어와 단어가 결합할 때 앞말의 받침 'ㄹ'이 탈락하는 현상을 종종 발견할 수 있다. '수저'도 '술져'에서 'ㄹ'이 탈락한 형태로 이해되며, 오늘날 '수저'로 남아 있다.

그렇다면 '술의 가락'인 '술+가락'이 'ㄹ' 탈락을 겪고 '의'를 뜻하는 'ㅅ'을 취하면 어떤 형태가 될까? '숫가락'이 된다. 이렇게 적는 것이었다면 '젓가락'과 일부분 상통하는 표기 원리로 이해될 수 있었을 것이다. 그러나 우리는 '숟가락'으로 적고 있기에 '젓가락'과 다르다는 호기심이 발동하지 않았던가? 아래 예들을 보자.

〈한글 맞춤법〉 제29항

반짇고리(바느질~)	사흗날(사흘~)	삼짇날(삼질~)	섣달(설~)
숟가락(술~)	이튿날(이틀~)	잗주름(잘~)	푿소(풀~)
섣부르다(설~)	잗다듬다(잘~)	잗다랗다(잘~)	

끝소리가 'ㄹ'인 말과 딴 말이 어울릴 적에 'ㄹ' 소리가 'ㄷ' 소리로 나는 것은 'ㄷ'으로 적는다.

이 예들은 〈한글 맞춤법〉 제29항에서 제시하고 있는 'ㄷ' 받침 표기의 예이다. 앞말의 어원이 본디 'ㄹ'을 가지고 있는 형태였는데 뒷말의 결합과 함께 'ㄹ'이 탈락된 것들이기도 하다. '이튿날', '사흗날'의 경우에도 앞말은 본디 '이틀', '사올'이다. 앞말이 뒷말을 꾸며 주게 하는 'ㅅ'이 이들 각각에 붙으면 '이틄', '사옰'이 되고, 그 뒤에 '날'이 결합하면 '이틄날', '사옰날'로 옛 문헌에 나타난다.

그런데 〈한글 맞춤법〉 제29항에서는 눈으로 보이는 '표기된 형태'가 아니라 '소리'가 [ㄷ]로 날 때, 소리를 따라서 글자 'ㄷ'으로 '표기'하라고 한다. 역사적으로는 '이틋날', '사홋날'에 더 가깝더라도 오늘날의 소리가 [이튿날 → 이튼날], [사흔날]이므로 '이튿날', '사흗날'로 적으라는 것이다.

우리의 관심사인 '숟가락' 역시 '술+ㅅ+가락'의 구조에서 'ㄹ'이 탈락하고 '숫가락'으로 나타나다가, '소리'가 [ㄷ]로 난다는 점이 우선적으로 적용되어 '숟가락'으로 표기가 정해졌다. 만약 'ㄹ' 탈락이 일어나는 경우에도 사이시옷 표기와 같이 어원적 표기인 'ㅅ'을 그대로 유지하도록 규정했다면, 우리는 밥상에 '숫가락'과 '젓가락'을 둔다고 적고 있을 것이다.

이처럼 각각의 단어는 자신의 역사를 가지고 있는데, 〈한글 맞춤법〉에는 그 역사를 중시한 규정과 오늘날 이해하기 쉬운 정도를 중시한 규정이 혼재되어 있다. 단, 어떠한 점을 중시하였든지 〈한글 맞춤법〉이 우리 사회의 '약속'으로 존재한다는 점에는 변함이 없다.

66 '작다'와 '적다'는
얼마나 다를까?

어린 시절에 교과서나 학습지에서 '작다'와 '적다'의 차이를 배우고 '작다'를 쓰는 곳과 '적다'를 쓰는 곳을 구별하여 표시해 본 경험이 누구나 있을 것이다. 지우개가 '크다'의 반대말은 '작다'이지만, 지우개가 '많다'의 반대말은 '적다'이다.

모음 하나 차이로 '작다'는 주로 '크기'를 나타내는 데에 쓰고, '적다'는 '양'을 나타낼 때 쓴다. 형태가 유사한 데다가, 크기와 양으로 구별되기는 하지만 '기준치보다 아래'라는 점에서는 의미적으로 공통성이 있는 것이다. '작다'와 '적다'는 어찌하여 이처럼 비슷한 듯 다를까?

'작다'는 15세기 국어 문헌에서 '쟉다'로 나타난다. '킈 쟉다'는 오늘날의 우리가 아는 '키(가) 작다'와 동일한 의미이다. 그런데 그와 거의 동시대의 문헌에서 '킈 격다'로 나타난 예도 볼 수 있다. 현대 국어에서 이 '격다'의 형태에 대응하는 말을 찾아보면 '적다'가 되는데, '키(가) 적다'는 오늘날 우리에게 대체로 이상하지만 일상적 언어생활에서 간혹 들어 본 적이 있기도 한 말이다.

설마 '쟉다'가 '격다'로 바뀐 것일까? 그렇지는 않다. 두 문헌의 '킈 쟉다'와 '킈 격다'는 모두 "身小(몸 신, 작을 소)"를 번역한 것으로, '격다'로도 '쟉다'를 표현할 수 있었던 것이다. 이러한 의미는 또 다른 문헌에서 '큼'을 뜻하는 '쿰'에 반대되는 말로 '져곰'(즉 '적음'의 의미)이 쓰인 예에서도 확인할 수 있다.

이처럼 '적다'의 옛말인 '격다'는 '양이 적다'의 의미뿐 아니라 '크기가 작다'의 의미도 가졌다. '크기가 작다'를 나타내는 데에 '쟉다'가 더 많이 쓰이면서, 현대 국어에 와서는 어문 규정에서 이 둘의 용법을 나누어 각기 다른 단어로 쓰도록 정하였다. 오늘날 형태와 의미가 유사한 듯 다른 두 단어에 이러한 사연이 있었던 것이다. 만약 '작다'와 '적다'가 헷갈렸다면 옛사람에 가까운 직관을 가진 것일지도 모른다.

Class 8.

국어사전의 역할과 의의

국어사전은
왜 중요할까?

66 어문 규범의 형성에 국어사전은 어떤 역할을 할까?

〈한글 맞춤법〉 및 〈표준어 규정〉과 같은 어문 규정에서는 규정에 해당하는 대표적인 단어 몇몇을 예시하고 있다. 즉 언어생활의 규범에 맞는 모든 단어를 규정에서 확인할 수 있는 것은 아니다. 세세한 단어 목록은 **국어사전**에서 확인할 수 있기에, 국어사전도 어문 규범의 일부를 이룬다.

또한 어문 규정에는 '무녀리', '곰배팔이' 등 시대와 사회·문화의 변화 혹은 언중의 선호도 변화에 따라 현재에는 사용 빈도가 매우 낮은 용례가 많다. 그러나 제정 당시의 요구와 역사적 배경을 담고 있는 어문 규정의 용례를 삭제하는 것은 조심스러운 면이 있으며, 새로운 용례를 추가하더라도 금세 옛것이 될 수 있다는 점을 고려할 필요가 있다. 이에 국립국어원에서는 어문 규정에 대한 '해설'을 개정함으로써 현실 언어생활의 변화를 반영하고 실질적 용례를 담고자 했다. 현재 온라인으로 제공되고 있는 『'한글 맞춤법', '표준어 규정' 해설』 개정판(2018년)이 그것이다. 그리고 이보다 적극적으로 **언어의 변화**를 반영하고 있는 것이 바로 국어사전이다.

현재 우리나라에서 가장 권위 있게 참고되고 있는 국어사전은 무엇일까? 학교 교과서 검정을 비롯하여, 대학 수학 능력 시험이나 국가 수준 학업 성취도 평가 등 국가 수준 평가에서 표기·표현의 지침으로 활용되고 있는 국립국어원의 『표준국어대사전』을 대표로 들 수 있다.

『표준국어대사전』은 국가에서 최초로 직접 편찬한 국어사전이다. 국립국어연구원(현 국립국어원)이 전국의 국어학자와 함께 1992년에 집필에 착수하여 1999년에 종이 사전으로 초판을 출간했다. 〈한글 맞춤법〉, 〈표준어 규정〉, 〈외래어 표기법〉 등 어문 규정을 구체적인 단어 하나하나에 적용하여 단어를 사정查定하고 사전 지면에 제시했다. 당시의 표준어뿐만 아니라 북한어, 방언, 옛말 등 50여만 단어도 표제어로 포함하여, 총 3권, 7,300여 면의 방대한 분량에 담았다. 이는 그때는 물론이고 현재까지도 국내 국어사전 편찬 작업으로는 최대 규모이다. 『표준국어대사전』의 발간을 통해 민간에서 발행한 사전마다 표제어의 표기가 다르기도 했던 점이 통일되었으며, 실제 언어생활에 바로 적용할 수 있는 대규모 목록이 만들어졌다.[1]

이어서 2002년에는 『표준국어대사전』의 인터넷 검색 서비스가 시작되었고, 2008년에 온라인 사전으로 전면 전환됨에 따라 『표준국어대사전』은 더 자주, 더 활발하게 현실 언어생활을 반영하기 시작했다.

국어사전이 전면 인터넷판으로 변하면서 국어사전의 수정 주기는 더욱 짧아졌다. 2014년부터 현재까지 국립국어원 홈페이지에 공개되어 온 국어사전 수정 내역을 보면, 분기별 수정뿐만이 아니라 자체적·사회적 필요에 따라 더 자주 수정되기도 함을 확인할 수 있다. 국어사전에서 주로 수정하는 내용은 표제어, 뜻풀이와 용례, 발음, 문형文型 정보, 어원 등에 두루 걸쳐 있다. 표준어로 새롭게 인정된 말이 국어사전의 표제어로 추가되고 있으며, 필요에 따라서는 표준어의 쓰임에 더욱 적절한 뜻풀이와 용례 등으로 다듬어지고 있다.

이처럼 『표준국어대사전』은 언어생활의 변화를 반영하는 동시에, 규범적인 발음, 형태, 용법 등을 누구나 손쉽게 찾아볼 수 있게 하여 우리 사회 전반의 규범적 언어 사용을 이

끌고 있다. 이로써 국어사전은 오늘날 **실질적인 어문 규범**으로 기능하고 있다.

영화 〈말모이〉는 1940년대를 배경으로 우리말 사전을 편찬하고자 노력했던 이야기를 다루었다. 이 영화의 주인공 '판수'는 직장에서 해고된 후, 우리말 사전을 만들기 위해 전국에서 사용되고 있는 말을 모으던 작업에 어쩌다가 동참하게 된다. 그는 한글을 배우지 못한 사람이었는데, 말을 모으며 글에 눈을 뜨고 우리말과 우리글의 소중함을 깨닫는다.

이 영화는 우리 역사의 실화를 모티프로 하였다. 영화의 제목인 '말모이'는 1910년대의 학술 단체 조선광문회가 주관이 되어 주시경과 그의 제자들이 집필한 최초의 한글 사전에서 따온 것으로 보인다. 1911년에 집필이 시작되어 주시경이 사망한 1914년까지 이어졌으나 완성을 보지는 못했다. 본디 여러 책으로 구성되었을 것으로 추측되나 현재에는 표제어 'ㄱ'부터 수록된 1책만이 전한다. 이「말모이」원고는 주시경의 사후 제자들이 일제의 감시를 받는 상황 속에서 정식으로 출간되지는 못하였으나, 이후 조선어학회의 사전 편찬에 밑거름이 되었다. **국어사전**★은 국권을 잃은 시대에 우리말을 지키려 한 노력의 증거였다.

> **★ 국어사전**
> 국어사전에 대한 요구와 기대는 시대에 따라 달라져 왔다. 일제 강점기 시대에 국어사전 편찬은 말살되어 가는 민족 문화를 지키고자 하는 독립운동의 일환이었다. 오늘날에는 갖가지 우리말 자원의 집합소로 기능하고 있다.

시간이 흐르고 국어사전 편찬이 거듭될수록 사전의 편찬 방법과 체계도 점차 발달했다. 초기의 국어사전은 편찬자들의 논의를 통해 표제어, 한자 등의 원어 정보, 뜻풀이를 간략하게 제시하는 양상을 주로 보였다. 뒤로 갈수록 국어사전은 편찬자들의 논의에 근거할 뿐 아니라 다양한 분야의 글과 문학 작품 등을 말뭉치corpus로 구축하여 단어를 발굴하고, 단어의 쓰임을 보여 주는 용례를 말뭉치에서 선별하여 풍부하게 제시하는 방향으로 변모해 왔다. 또한 '[   ]' 안에 발음 정보를 제시하고, 단어가 문장에 쓰일 때의 문장 구조 정보(문형 정보)도 제공하는 등 국어사전

「말모이」원고[2] 국립한글박물관에 소장되어 있으며, 2020년에 보물 제2085호로 지정되었다.

이 활용될 수 있는 범위를 더욱 넓혀 왔다.

국어사전 중에서 최초의 국가 주도 국어사전인 『표준국어대사전』은 〈한글 맞춤법〉, 〈표준어 규정〉, 〈외래어 표기법〉 등을 총체적으로 반영하여 어문 규범의 실질적 지표 역할을 하고 있다. 1999년에 종이 사전으로 발간된 이후 오늘날에는 〈우리말샘〉과 함께 인터넷 사전으로 서비스되어 누구나 쉽고 빠르게 국어사전을 활용할 수 있다.

대부분의 사람들은 아마도 모르는 단어의 뜻 또는 단어의 대표적인 쓰임을 찾고자 할 때 국어사전을 활용할 것이다. 그런데 국어사전에는 그보다 다양한 정보가 포함되어 있다. 국어사전을 검색하면 단어 옆에 숫자 1, 2, 3… 등이 붙어 있는 경우가 있는데, 이는 찾고자 한 단어와 형태가 같지만 의미가 다른 단어, 즉 동음이의어(동형어)가 존재한다는 점을 알려 준다. 이어서 각 단어를 클릭하여 상세 화면으로 넘어가면 그 단어의 원어 표기(한자, 알파벳 등), 발음, 품사, 단어가 문장에서 쓰일 때 나타나는 문장 구조, 용례를 제시해 주고, 그 단어와 관련이 있는 단어로 비슷한말이나 반대말이 있을 때는 그것도 제시해 준다. 종이 사전에서는 발음 표기만을 확인할 수 있었지만, 인터넷 사전에서는 스피커 모양을 클릭하여 발음을 직접 들을 수도 있다.

당초부터 인터넷 사전으로 개발된 〈우리말샘〉에서는 과거의 『표준국어대사전』에 있던 방언 정보를 옮겨 와 수록했을 뿐만 아니라 더 많은 방언 정보, 역사 정보 등을 추가로 제공하고 있다. 또한 사전의 풀이 내용으로 단어와 단어 간의 의미 관계를 도식화한 자료를 포함하는 등 지면을 집약적으로 써야 하는 종이 사전에서는 찾아보기 어려운 시각 자료를 제시하고 있다.

관련-하다(關聯하다/關連하다▼)

발음 [괄련하다] ◀

주표제어 　관련

「동사」

[…과][…에] (('…과'와 함께 쓰일 때는 주로 '관련하여', '관련한' 꼴이 쓰인다))

둘 이상의 사람, 사물, 현상 따위가 서로 관계를 맺어 매여 있다.

- 교육 개혁안과 **관련한** 논평.
- 그 문제와 **관련해서** 이번에는 제가 한말씀 드리겠습니다.
- 녀석은 새에 대한 무슨 조사를 목적으로, 아니면 공해와 **관련하여** 경계 지구 안으로 잠입했음이 틀림없을 것이기 때문이었다.《김원일, 도요새에 관한 명상》
- 사건 기술의 순서에 **관련한** 문제.
- 어린이 유괴 사건의 범인 처벌 문제에 대한 시민 여론에 대해서 인간 생명의 절대성과 사회성에 **관련하여** 긴 논쟁을 벌인 일이 있었다.《이청준, 조율사》

「비슷한말」 견련하다(牽連하다/牽聯하다), 상관하다(相關하다), 연관하다(聯關하다)

『표준국어대사전』에서 '관련하다'를 검색한 화면[3] 『표준국어대사전』에서 '관련하다'를 검색하면 한자 표기, 발음, 품사, 용례, 비슷한말까지 폭넓은 정보를 확인할 수 있다.

　　이처럼 국어사전에는 우리말과 우리글을 잘 이해하고 잘 쓰기 위한 다양한 정보가 담겨 있다. 언어생활에서 정확한 표기나 쓰임을 확인하고 싶을 때뿐만 아니라 남들이 잘 알아들을 수 있게 발음하고 싶을 때, 어색한 느낌 없이 자연스럽게 읽히는 문장을 쓰고 싶을 때, 더 다양한 표현으로 바꾸어 쓰고 싶을 때 등, 오늘날의 언어생활을 윤택하게 하는 여러 가지 목적으로 국어사전을 활용할 수 있다. 또한 방언형의 확인을 통해 언어의 지역적 다양성에 대한 이해를 넓힐 수 있으며, 역사 정보를 통해 어휘에 담겨 있는 언어의 역사를 살펴보며 교양을 쌓을 수도 있다.

한편, 국어사전은 개정을 통해 과학적 사실의 변화는 물론이고 언어공동체의 사회·문화적 변화도 반영한다. 예를 들어, 천문학계의 연구에 따라 '명왕성'이 태양계의 행성 중 하나로서의 지위를 잃으면서(2006년) '태양계'에 대한 국어사전의 뜻풀이도 변화했다. 특히 최근 큰 관심을 받은 '반려견', '반려동물' 등의 등재는 기존에 사용해 오던 '애완…'이 있음에도 '반려…'를 표제어에 포함한 것으로, 동물에 대한 우리 사회의 가치관의 변화를 잘 보여 준다.

국어사전은 **언어 공동체**의 변화를 반영하는 동시에 주도하는 역할도 할 수 있다. '미용실'의 뜻풀이에서 '주로 여성'이라는 말을 삭제한 것, 신체적 장애를 중심으로 풀이되어 있던 '장애아'에 정신적 장애의 의미를 포함하고 '기형'의 의미를 삭제한 것 등에서 긍정적 변화를 읽어 볼 수 있다. 이처럼 국어사전에서 사회적 편견을 조장할 수 있는 내용을 바로잡는 것은 우리 사회의 인식 및 문화적 배경의 변화를 바탕으로 하면서도, 현재의 사회 구성원과 미래 세대에게 우리가 지향하는 가치를 주도적으로 제시하는 중요한 의의를 가진다.

그러나 『표준국어대사전』을 중심으로 국가 수준 국어사전의 영향력이 확대되면서, 일각에서는 국어사전의 국가 주도성이 말의 다양성·창의성을 저해한다고 비판하기도 한다. '표준'이라는 속성이 너무 강하게 기능하는 나머지, 일상에서 자연스럽고 다양하게 사용되는 언어 표현을 통제한다는 것이다.

이 외에도 우리말 사전에 대한 다양한 관점에서의 연구와 이를 바탕으로 한 민간 단체의 국어사전 개발이 침체기에 접어드는 부작용이 나타났다. 민간에서는 초등학생을 위한 국어사전 등의 학습용 국어사전, 특정 품사나 어미를 대상으로 한 국어사전과 같이 상대적으로 규모와 대상이 제한적인 국어사전의 편찬이 지속되고 있을 뿐이다.

인터넷 기반의 개방형 사전은 이러한 비판에 대한 대응이자 미래 국어사전의 새로운 방향이 되고 있다. 대표적으로 국립국어원의 〈우리말샘〉은 사용자 참여형 사전으로, 사전 사용자 누구나 사전의 표제어와 뜻풀이 등을 새롭게 추가하거나 수정할 수 있다. 그리고 사용자가 제안한 추가·수정 내용은 전문가 감수를 통해 비교적 빠른 시일 내에 정식으로 수록

되고 있다. 『표준국어대사전』은 〈우리말샘〉에 비해 규범적이며 보수적인 성격을, 〈우리말샘〉은 『표준국어대사전』에 비해 사용자 중심적이며 개방적인 성격을 가지도록 이원화한 것이다. 이제 각각의 국어사전 편찬의 목적과 성격을 고려하여 사전을 활용하고 직접 만들어 가는 지혜가 필요하다.

국어사전 데이터베이스와 API의 공유 역시 국어사전의 미래를 보여 준다. 국립국어원은 두 사전의 데이터베이스를 전면적으로 공개하여, 방대한 양의 언어 정보를 활용하는 연구를 지원하고 있다. 또한 데이터베이스와 API를 기술적으로 적절하게 활용하면, 디지털 교육 자료에서의 국어사전 구현 및 사용자가 원하는 목적에 따른 맞춤형 자료의 개발 등도 가능하다. 간단한 기술을 익히면 누구나 자유롭게 편집·제작할 수 있는 새로운 공공재가 된 것이다.

과거의 국어사전은 선구적인 몇몇 학자들이 종이에 글자를 한 자 한 자 적으며 완성한 결과물로 우리 앞에 나타났다. 오늘날의 국어사전은 언어생활의 방대한 정보와 미래 지향적 가치를 담은 **공공 데이터**로 존재한다. 오늘날 우리의 언어생활이 국어사전의 현재를 만들어 가고 있으며 국어사전의 미래를 바꾸는 동력이라고 해도 과언이 아닐 것이다.

Class 1. 변화하는 시대, 규범의 의미

1 '신나게'는, 2014년 '신나다'가『표준국어대사전』에 등재되기 전까지는 '신 나게'로 띄어 썼다.

2 남지애(2008),「문법 인식을 통한 띄어쓰기 교육 연구」, 서울대학교 석사학위논문.

3 남가영(2014),「국어 규범교육과 문법교육의 관계 설정 양상 – 역대 국어과 교육과정 및 교과서의 사적(史的) 분석을 바탕으로」,『우리말글』62, 우리말글학회, 1~44쪽.

4 박철우 외(2023),『한국어 의미론』, 사회평론아카데미, 183쪽.

5 구본관·신명선(2011),「원리 중심의 문법 교육에 대한 연구」,『국어교육연구』27, 서울대학교 국어교육연구소, 261~297쪽.

6 민현식(2015),「한국어의 변화에 대한 사회문화적인 접근」,『한국언어문화학』12(2), 국제한국언어문화학회, 97~124쪽.

7 신명선(2013),「"언어적 주체" 형성을 위한 문법 교육의 방향」,『국어교육』143, 한국어교육학회, 83~120쪽.

Class 3. 맞춤법, 자주 틀리는 이유는 무엇인가?

1 민현식(1999),『국어 정서법 연구』, 태학사, 424쪽.

2   박종관(2019), 「중학교 1학년 학습자의 오류 표기 분석을 통한 맞춤법 교육 내용 연구」, 『국어교육학연구』 54(4), 국어교육학회, 35~66쪽.

3   민현식(2008), 「한글 맞춤법 교육의 체계화 방안 – 문법 교육과 맞춤법 교육의 관계 정립을 위한 시론」, 서울대학교 국어교육연구소, 54쪽.

4   이진호(2021), 『국어 음운론 강의』, 집문당, 183쪽.

Class 4. 표준어가 되는 과정

1   「'자장면'을 '짜장면'으로 부를 수 있게 된 날」, 『연합뉴스』, 2015. 8. 31.

2   국립국어연구원, 〈알립니다〉, 『표준국어대사전』 누리집. https://stdict.korean.go.kr/notice/noticeList.do

3   민현식(1999), 앞의 책, 297~315쪽.

4   김수업, 「[말뜻말맛] 먹거리와 먹을거리」, 『한겨레신문』, 2006. 11. 13. https://www.hani.co.kr/arti/opinion/column/171498.html

Class 5. 외래어의 표기와 발음

1   정희창·이승희·이선웅(2020), 『한국어 정서법』, 사회평론아카데미.

2   임동훈(1996), 「외래어 표기법의 원리와 실제」, 『새국어생활』 6(4), 52쪽.

Class 6. 국어의 로마자 표기법

1   민현식(1999), 앞의 책, 398~420쪽.

Class 8. 국어사전의 역할과 의의

1   행정안전부 국가기록원, 〈표준국어대사전 발간〉. https://www.archives.go.kr/
    next/newsearch/listSubjectDescription.do?id=005798&sitePage=
2   국가유산청 국가유산포털. https://www.heritage.go.kr/heri/cul/imgHeritage.do
    ?ccimId=6155846&ccbaKdcd=12&ccbaAsno=20850000&ccbaCtcd=11
3   국립국어원, 『표준국어대사전』. https://stdict.korean.go.kr/search/searchView.
    do?pageSize=10&searchKeyword=%EA%B4%80%EB%A0%A8%ED%95%98%
    EB%8B%A4

참고 문헌

단행본

민현식(1999), 『국어 정서법 연구』, 태학사.

박철우·김윤신·김진웅·김진해·박재연·이동혁·이지영·이찬규·이혜용·임재훈·정
연주·조경순·최경봉·최윤지(2023), 『한국어 의미론』, 사회평론아카데미.

이진호(2021), 『국어 음운론 강의』, 집문당.

정약용 저, 지석영·전용규 편(1908), 『아학편』, 베리북스.

정희창·이승희·이선웅(2020), 『한국어 정서법』, 사회평론아카데미.

논문

구본관·신명선(2011), 「원리 중심의 문법 교육에 대한 연구」, 『국어교육연구』 27, 서울
대학교 국어교육연구소, 261~297쪽.

김세중(2004), 「표준어 정책에 대하여」, 『새국어생활』, 14(1), 국립국어원, 105~122쪽.

남가영(2014), 「국어 규범교육과 문법교육의 관계 설정 양상 - 역대 국어과 교육과정
및 교과서의 사적(史的) 분석을 바탕으로」, 『우리말글』 62, 우리말글학회, 1~44
쪽.

남지애(2008), 「문법 인식을 통한 띄어쓰기 교육 연구」, 서울대학교 석사학위논문.

민현식(2015), 「한국어의 변화에 대한 사회문화적인 접근」, 『한국언어문화학』 12(2),
국제한국언어문화학회, 97~124쪽.

민현식(2008), 「한글 맞춤법 교육의 체계화 방안 - 문법 교육과 맞춤법 교육의 관계
정립을 위한 시론」, 『국어교육연구』 21, 서울대학교 국어교육연구소, 7~75쪽.

박종관(2019), 「중학교 1학년 학습자의 오류 표기 분석을 통한 맞춤법 교육 내용 연구」, 『국어교육학연구』 54(4), 국어교육학회, 35~66쪽.

신명선(2013), 「"언어적 주체" 형성을 위한 문법 교육의 방향」, 『국어교육』 143, 한국어교육학회, 83~120쪽.

안상순(2004), 「표준어, 어떻게 할 것인가」, 『새국어생활』 14(1), 국립국어원, 67~83쪽.

임동훈(1996), 「외래어 표기법의 원리와 실제」, 『새국어생활』 6(4), 국립국어원, 41~61쪽.

최소영(2019), 「국어사전 수정 내용의 문법 교육적 활용 모색」, 『우리말글』 82, 201~235쪽.

기타

교육부(2022), 국어과 교육과정(교육부 고시 제2022-33호 [별책 5]).

국가유산청 국가유산포털. https://www.heritage.go.kr/heri/cul/culSelectDetail.do?pageNo=1_1_1_1&sngl=Y&ccbaCpno=1121120850000

국립국어원(2018), '한글 맞춤법', '표준어 규정' 해설서 개정판 발간, 국립국어원.

국립국어원(2023), 국립국어원 공식 블로그. https://blog.naver.com/areumkor/223093334126

국사편찬위원회, 우리역사넷. http://contents.history.go.kr/front/tg/view.do?treeId=0100&levelId=tg_004_2840

문화체육관광부(2014), 국어의 로마자 표기법(문화체육관광부 고시 제2014-42호).

문화체육관광부(2017), 표준어 규정(문화체육관광부 고시 제2017-3호).

문화체육관광부(2017), 외래어 표기법(문화체육관광부 고시 제2017-14호).

행정안전부 국가기록원. https://www.archives.go.kr/next/newsearch/listSubjectDescription.do?id=005798&sitePage=